陳弘老師教您
生辰八字輕鬆學
簡單邏輯斷命理

陳弘——著

推薦序一

陳弘老師的老師——陳紀瑞建築師

每一個人的命，如同其面，各不相同，會相信命理而去探討的人，則有其特殊原因。早在大學時期，頻繁的參加宗教活動，很自然的接觸到五術，在醫學方面學了針灸、命理八字、紫微斗數都有涉獵，相上學、手相、面相。這些都僅知些名詞皮毛，也沒想要深入。踏入社會，理所當然成家立業，在宗教薰陶下，總以誠信的態度待人處事，以為前程似錦，哪知在三十歲不到，被朋友借錢，導致公司破產，還拖累親友。

念建築的我，從事建築設計和室內裝修，總保持專業精神，努力經營，以信譽為重，無奈社會險峻，在四十不到，接了一個不該接的工程，經費是公司登記金額的二十倍，損失慘重，賣屋攤平損失。

人在失意時，求神問卜是普遍的現象，我也不例外，也就在這時候，拿起大學時期所學的命理去探討，甚至拜師，終於認識自己的命和運，打破年輕時的「我命由我不由天」的想法。

經二十多年的歷練，在滿六十五歲後，開班授課陽宅和八字，兒子陳弘也一同學習，且產生興趣，二〇一九年出版了一本《後天派陽宅風水》。如今將他數年來八字的心得整理成書，與人分享，為父的我，樂見其成，為此作序。

父陳紀瑞

推薦序二

國立政治大學副教授——張家銘

我們常說「死生有命，富貴在天」，除了日常用語之外，另一個大家耳熟能詳的就是孔子在《論語．為政》提到的「五十而知天命」，究竟什麼是命？當下科技發達，有相當多的工具，讓我們可以量測進而計「算」各式資訊，如：基因檢測工具來預測某類患癌機率，那麼「命」究竟能不能算，是不是也有工具？算命工具相信大家也不陌生，從占星術到紫微斗數，琳瑯滿目，各有其不同歷史脈絡，其中四柱八字，由一個人的生辰年月日時——四柱，每柱取所對應天干地支兩字，總得八字，就這八字間的五行生剋關係，可計算流年運勢吉凶、父母夫妻子女間的關係，其中論斷間拿捏詮釋的奧妙，仿如一生的功課；陳弘兄是學習後天派風水陳紀瑞老師兒子，在陳老師每期開班授課，陳弘兄皆全程參與，與大家一同學習，不仗於家父為師而怠惰，可見其認真做學問的態度，在四柱八字班後，陳弘兄積極入世為人解惑，累積豐富分析經驗，此時無私著書分享，可是一探算命世界難得的佳機。

說到此，命真得算得出嗎？小女出生時請老師算其八字，說到用水喜金，之後很會講話，而後來老師學期評量提到語言能力佳；而陳弘兄論我為「官來就我」，回顧小時至此，果真很多任務或是職位是比較被動地賦予的；我想人一生中難免有不如意或疑惑之時，算命論斷何嘗不是一種為人處世的提醒，願之後細細體會，能有五十而知天命的一天。

學員的迴響

推薦文一

偶然機緣之下認識了陳弘老師，幾次的八字討論，又幾次的風水陽宅討論，透切且深刻的體會了陳弘老師八字的功力，及有別於一般風水門派的堪輿法，後天派風水陽宅以房子的格局為出發點，加上科學化的精神思維，經過調整後的房子適合屋主全家人；另外，陳弘老師也是命理風水界少見的高學歷人士，與陳弘老師相談幾次，深覺陳弘老師於多個領域涉獵甚廣，有別於近期大家談的斜槓精神，陳弘老師對其涉獵的領域，所知甚詳且深，絕對不只是流於表面，這次樂見陳弘老師第二本新書的出版，相當為他開心。

陳弘老師了解讀者，知道用什麼樣的表達方式，可以讓讀者能夠很清楚輕易的了解後天派陽宅風水的精髓，推薦大家來了解陳弘老師融合了生活體悟及實際案例加之經驗與智慧的結晶！

生技公司營運總監——藥師張鈞程

推薦文二

我想推薦這本書給正在人生道路上徬徨卡關的您，相信當您融會貫通時，對您的感情、人緣、事業、財運等定有相當的助益。

以往我們的印象裡命理老師總是有著神祕的色彩，不是有第三眼或是神明的代言人等的特異功能的人，否則怎麼有辦法把案主的命運講得如此之神。然而陳弘老師事實上卻是一個不折不扣的科技工程師，事事求證數理腦袋的他怎麼可能是教八字命理的老師呢！沒錯，相信您讀完此書也不得不佩服古人的智慧，八字命理是容得起現代思維邏輯檢視的。經由四個天干與四個地支組成排列出如同一連串特殊的符號程式，卻隱含了諸多的人生道理。冥冥之中上天有祂的安排，當您懂得推演其規則與脈絡，您也能騰雲駕霧掌握自己的人生，趨吉避凶，知曉何時我們應該韜光養晦，何時我們可以大展鴻圖，以及我們該如何識人及與人相處之道。

陳弘老師不藏私，不只教您排盤、解盤，也把自己看過無數個命盤及所領悟的道理寫進書裡。想深入了解八字命理的您，本書絕對值得您收藏。

自由工作者——葉子

推薦文三

剛開始起心動念想探究八字命理，主要是我的靈氣老師在學習裡加入了五行的身體運行，同學們也都往西方占星、馬雅曆、塔羅等方向去探知心靈與未來，當時想著為何熟悉和重視的八字卻很少聽聞或從閒話家談中聊出來呢？因緣際會下得知陳弘老師的授課，課程中很喜歡聽老師從一個人的八字命盤，說出一生的故事，看似理所當然，就這樣順著走即可，似乎改變自己的其實不多，但背後更說出接受和臣服之下對生命的自在和理解。老師的出書，是利和好消息，說實話，上完課後仍懵懵懂懂，覺得這個演算邏輯的處理，需要更多被教導和練習，老師曾說，不要去算命，然後好好過日子，哈哈……那我們就自己去理解自己的八字吧！感謝老師，也祝福各位能從八字命理的起伏中，活出自己獨一生命的正向和寬廣度！

科技業——安媞

推薦文四

在東西方命理界的老師們各有各自的特色，而專精八字命學的陳弘老師，最大的特點可以說是讓求問者感到「安心」。陳弘老師總是能夠找出客人真正的問題並解惑，對於徬徨迷惘的求問者們是一位能夠依靠的老師。除了論命總是大受好評之外，許多人也都因為住宅以及辦公室的風水，慕名而來，改善了格局，增加運勢。陳弘老師對外八字命理班授課相當直覺，少去文謅謅的用詞，讓每位學生都可以輕易地融會貫通，本書集結了陳弘老師教學的心血與經驗，易懂也易學，相信透過本書能夠讓每個人更輕易學習八字命理，並活用個人運勢走向，抓住人生高峰避開人生低潮。

知名算命網站——大師算算

自小以來對四柱八字，有著濃厚的興趣，但總覺得空對寶山但不得其門而入，只能望著瑰寶暗暗興嘆，年歲漸長，也慢慢從一個平凡的上班族，踏上了協助家族經營事業的路途上。

在經營管理中，總能感受到時代環境的變遷，過往針對新進同仁的聘用流程與培訓激勵做法，已經無法滿足現在企業的需求，原本一直利用科技業與媒體業所熟知的管理經驗與科學統計測驗，來協助企業招募人才。但往往透過測驗中所得的數據圖表，找到符合企業需求的人力，投入心力培訓後，發現數據圖表難以顯示實際工作中的人格表現。

好的人才不好找，也不好留用，即便留下人才，怎麼把人才放到對的位子上也是傷透經營者的腦袋，花了好多時間，從管理學理論，找出一套方法，實行時卻屢屢碰壁。本來以為或許是因為自己的方法不到位，後來參與一些商務經營的社團聚會，才發現這是經營者普遍面臨的問題。

因緣際會下碰到了陳弘老師，博學多聞與科學化的授課思維，跳脫原本對八字的想像。原來透過八字命盤，可以更快速的理解每個人的個性，原生家庭對每個人所帶來的影響，以及十年大運給每個人帶來的起伏挑戰。終於以前困擾許久的問題，得到了解惑。八字可以讓企業依據每個人現在的狀態，把人才放到對的位子上，給予適當的培訓與挑戰，為企業創造更大的價值。很感謝陳弘老師無私的教學與教導，可以把一門看似艱澀的學問，透過系統化的梳理，讓學員都能馬上學以致用，運用在每一天的生活中。

傳產流通買賣業經營者——Ren

推薦文六

欣悅陳弘老師再度出書！對於理工背景的自己來說，即使深知天地萬物大自然的奧秘令人敬畏，人未必定能勝天，然總不耽於命定，期盼著能做點什麼、改變點什麼，期許更上層樓，讓人生變得更好些許。對於八字命理這門看似古老，又近乎玄妙的學問，難免些許如雲霧中山巒蒙著面紗之感，但接觸老師後天派陽宅時，那種「風水好的房子不管給哪種命的人住都會變好」的觀念，深得我心。同時老師以科技人鑽研八字命理，探索古人的智慧，透過實證的科學精神，累積千人以上的實例，回歸基本元素金、木、水、火、土五行及其陰陽屬性與相互關聯作用，在現今工商社會實務運用，舉凡外遇、離婚、雙生子、同性戀等諸多仍廣為現代人們關心的傾向，均能在精巧的運算中窺其奧妙。老師書中提到：八字命理是科學的，可用同樣的方法計算出來相同的結果。不禁恍然，以前哲學家說性格決定命運，然而出生的時候便已經從八字得出性格命運的大方向，但在命運寬廣的道路上，知命樂天，在運勢的浪頭上習得把握時機乘勢上衝，在波谷時也知曉沉潛靜守，坦然中趨吉避凶。

本書前半部除了介紹八字的觀念外，也分享了許多實例，老師以流暢的文筆娓娓道來，讓人忍不住一頁接一頁往下翻閱。後半部收錄許多老師上課的講義資料，搭配許多實用的表格，方便查閱，實是研習八字這門學問的讀者之福。

土木工程師——Peter

推薦文七

「八字命理」的命盤只是簡單的八個字，卻像人在生命這大海上的一座燈塔。少少的八個字，不會把每件事情講得鉅細靡遺，但能指出方向；小細節模糊，而整體性又很清楚。這樣的五術迷人，可是往往拿起書本看時，就會發現還真難理解親近，很幸運因為學習後天派陽宅認識了陳弘老師，當陳弘老師決定開班授課時，憑藉著我們經營補教培養出挖掘厲害老師的敏銳度，立刻參加，果然老師的教學深入淺出，條理分明，現在老師要出書了，誠心向每位對八字有興趣的讀者推薦這位說真話不造假的老師，老師書中介紹不故弄玄虛，容易理解，當然如果老師有幸又開課的話，除了書本外親身感受絕對是更好的體驗。

向品補習班——李知碩、王彥文主任

推薦文八

認識陳弘老師20餘年，學生時代便欣賞老師做學問做事立定志向、堅定前行腳踏實地的處事原則。老師在五術上的學習造詣亦復如是，本來就天資聰穎的老師加上努力不懈數十年學習實證下來，旁觀者的我看見老師幾乎是日新月異精益求精習得一身好學問。老師的八字造詣雖非袖裡乾坤但也料事如神，對於種種人生面臨之十字路口、徬徨之時更能如及時雨般提供真知灼見。

這本書，老師花費數年嘔心瀝血的將數十年的論命精華無私的與大眾分享，希望大家能夠一窺對八字陰陽五行神祕的面紗，讓我們對於「八字論命」有更進一步的體悟，相信讀者得此著作必能對於八字論命一探究竟。感恩有幸得與老師保有這亦師亦友的關係數十載！

陳古刺金　鐵口直斷
弘毅寬厚　排憂解難
八斗之材　談古論今
字字珠玉　穩如泰山

科技公司負責人—— Jeff Liao

推薦文九

我父親與陳紀瑞老師是大學同學，父親生前跟陳老師是好朋友，都是與世無爭，日子開心平穩就覺得幸福，但是在過世前交代我一定要跟陳老師學習後天派陽宅的學問，所以在陳紀瑞老師門下當學生學習，也剛好與陳弘師兄同時一起上課學習。

之後的結婚生子，因為內人身體的關係，必須要剖腹生產，大女兒是由陳紀瑞老師選的出生日子跟時間，小兒子的出生時間是由陳紀瑞老師以及陳弘師兄一起擇日，兩個孩子個性也跟著出生的八字命理有所相同，與父母的關係亦然，目前也快樂健康的長大。

人生何其有幸可以了解五術，並且正確的用在日常生活當中，當人生遇到困難的時候，也有老師伴隨左右，不迷信的運用正知見來處理當下的處境。

陳弘大師兄出的第二本書籍，再次讓人打破對算命的迷思，告訴讀者如何正確的運用自己的命運，甚至於家庭、工作、合夥……等。是值得反覆研讀、慢慢體會陰陽五行的奧祕之處。

威昀創新 瑞天開發 全茂建設總經理——陳台昀

作者序

出了第一本書《後天派陽宅風水——陳弘老師教您趨吉避凶好運旺旺來》的後天派陽宅書籍後，感謝方集出版社一直邀請第二本書籍的出版，左思右想，決定把家父教我的八字命理，寫成一本書，把八字命理的基礎理論、思考邏輯重新整理，也是我教八字命理的講義，之後上課也就憑據此書，不需要額外影印講義了。

近代心理學之父，美國心理學家威廉・詹姆斯（William James）曾說：「思想（態度）決定行動，行動決定習慣，習慣決定性格，性格決定命運。」由八字可以看出每個人的性格，就容易解釋為什麼有些人做出的決定往往與眾不同，這是與生俱來的，書中也舉了很多例子，相信讀者在八字命理中會有不一樣的理解，最後有三十二位古今中外名人的八字，可以練習，並且可以思考人生與命運的關係。

歡迎加入陳弘老師的 Line
Line ID: @rhu2947z

目錄

第二章

認識八字，可以做什麼？

第三章

對算命的一些道聽塗說

第四章 誰說算命是統計學？

第五章

八字命理基礎

第六章 論命方法

第一章

八字是最古老的算命系統之一

八字命理，有狠多人不知道為什麼叫做八字命理，八字顧名思義，就是八個字，簡單來說就是由八個字來組成的命盤，可以讓命理師，藉由這八個字，來計算出一個人的一生。狠多人好奇，是由哪八個字組成的呢？

一般人都會知道農民曆，並且知道今年是什麼年，譬如：西元二〇二一年就是辛丑年，然後看是哪一個月分，譬如：八月是丙申月，哪一天，譬如：二十四日是甲辰日，哪一個時辰出生，譬如：早上一點生是甲子時，一共會有八個字，由這八個字組成，就可以推算出一個人的命盤，藉由命盤來了解人的一生。

這八個字就是由天干地支所組成的。

天干就是甲、乙、丙、丁、戊、己、庚、辛、壬、癸。

地支就是子、丑、寅、卯、辰、巳、午、未、申、酉、戌、亥。

根據目前的考古資料，古代人在殷商的時候就開始用天干地支在紀日，大約四千多年前，就開始有天干地支、陰陽五行。

「子平八字學」，八字名稱的由來則是取自於命理的一代宗師「涂子平」先生，是使用天干和地支來運算年、月、日、時，形成「年柱」、「月柱」、「日柱」、「時柱」，共八個天干地支所組成，再配合陰陽五行的生、剋、制、化，可以看出一個人的個性、與六親的關係，還有一生的事業、運氣、個人的相貌及姻緣等等。

關於使用天干地支來算命，目前查到最早是一位唐代的李虛中先生（生於西元七六一年，卒於八一三年），字常容，相傳他最早奠定了八字算命的基本原則，稱為三柱法，以年、月、日的基礎上推算。

涂子平（生於西元九〇七年，卒於九六〇年），名升（亦即涂居易），五代時東海人氏，別號沙滌先生，又稱蓬萊叟。涂子平先生改以日干為我，增加時辰，發明四柱法（年、月、日、時推算法）。查四柱間之五行生、剋、制、化、刑沖會合為推命重點，並發揚光大。

《淵海子平》是八字命理學史上第一本有系統的著作，作者不可考，相傳是涂子平所著，也有資料顯示，這是集於好幾位命理家著作。全書分五卷：第一卷及第二卷論述陰陽五行的基本原理及各神煞與命式格局；第三卷論六親；第四卷論人鑑及十二月建侯；第五卷為詩訣。其書內容全面，方法簡單而實用，在命理學上占有相當重要的地位。

以八字命理來說，命有幾種變化，60×(60/5)×60×(60/5)=518400種，但是男女大運不相同，再乘二，總共是=1036800種。

一百多萬種的命格，搭配六十甲子的流年，產生的變化更多，符合一樣米養百樣人，表示世間的人太多種，每一個人的命運也都不同，很難有重複的人生。

我的父親是我的命理老師

我的父親是臺灣考試領到證照的建築師，他的名字是陳紀瑞，更多時候大家叫他陳紀瑞建築師，年輕的時候也用自己的名字開公司，成立陳紀瑞建築師事務所，家父從小就對中國的五術：山、醫、命、相、卜，很感興趣，有學過相學、一些中醫學，二十多歲時，在因緣際會之下開始學習風水、八字命理，也曾經拜過很多老師，一直到四十多歲，還在找老師學習中國五術，學習相關的內容，所以家父的課程，深受很多人的喜歡，可以聽到一般雜誌或是書籍上，看不到的真實故事。

很多人可能認為，我從小就被父親算命，並且告知什麼可以做，什麼不能做，因為父親早就把我的命盤安排好，知道我未來的道路，但是反而相反，家父從我小時候，從來沒有跟我說過關於命理的部分，反而是要我走自己的人生，大學的科系，也是我自己選擇的，這個部分，等到我把八字命理學完，也知道其中的奧妙之處。

家父在西元二〇一〇年八字課程對外招生，我就在家父開班的時候，開始學習八字命理，開始對於金、木、水、火、土、陰陽五行等，漸漸熟悉，並且了解老祖宗五術的奧妙。

家父曾經對外開了幾次八字命理的課程，近年來開始不對外招生。一、是年紀也超過七十歲了，對於上八字課程也是比較辛苦，在臺灣也比較多八字命理老師；二、是想要把後天派陽宅的理論精華，傳承下去，所以把精神花在推廣後天派陽宅的課程上面，於是把對外的八字課程交給我。

八字命理是一種複雜的算術邏輯，科學跟命理有相關嗎？

科學的意思，就是一套方法準則，不管是誰來使用、誰來操作，都會得到相同的結果，就是科學。譬如：有人拿望遠鏡觀察天體，發現地球繞著太陽轉，其他人拿望遠鏡觀察天體，一樣會有同樣的結果；又譬如說：用同樣的配方、一樣的流程做出來的實驗，結果也會是一樣的，如果不一樣，一定是哪裡流程錯誤了，或是配方哪裡有不正確。最好的例子就是算術，如果一道題目給大家算，跟標準答案不一樣的話，不是題目真的有問題，就是計算錯誤。

命理對我來說，也是一套算術邏輯，可以得知一個人一生運勢的高低起伏，八字命理所需要的算術邏輯，是早就已經決定好了，包含陰陽五行、十二長生、十神、男女大運的排法、六親的關係，可以從命盤來找出答案。

每一個人的命盤就是一道題目，可以用算術邏輯來得到想要的答案，命盤是由年柱、月柱、日柱、時柱求得，可以由萬年曆來求得命盤，就是每一個人的人生題目，在第五章以後也會有更詳細的教學。

在命盤裡面，要先了解天干地支對應的陰陽五行，然後要確認八字裡面的陰陽五行，生、剋、制、化的原理，找出彼此的關係，套用上已知的算術邏輯，就可以得知一些現象，這些現象有的是婚姻的關係、有的是父母的關係，還有朋友之間的關係、自己運勢的關係等，知道這些天干地支彼此的關係後，就可以同理可證，譬如：流產的現象、外遇的現象、婚姻的時間點跟婚姻的關係、朋友之間的關係等，這些現象如同公式一般，知道公式後，就可以看到了其他命盤有同樣狀況出現，就可以說出目前的關係，所以八字命理是科學的，可以用同樣的方法得到相同的結果。

這樣的方法也可以說是訣竅、祕訣，在文字中很難敘述清楚，自古以來也是書中無訣，就像是微積分的書籍一樣，沒有老師教導，是沒有辦法體會了解微積分的運算，八字命理也是一套算術邏輯，沒有老師的教導，很難了解體會，如何使用算術邏輯，計算出人生的現象。

命理是人生道路的一盞明燈，了解天意的一個方法

我看過超過一千個人的八字，有記錄的超過六百個，發現大部分人是跟著自己的命運走的，在八字裡面，有記錄著這一生會發生的事情，可能是原生家庭的事情、可能是自己會發生的事情、可能是自己家庭的事情等，這些都是與生俱來的，從生下的那個時間點，八字命盤，就已經確定了，不會再變動。

從八字命盤會知道自己的天賦、擅長的部分，人生的道路軌跡基本上也已經定了，接下來就是自己要努力，在自己的道路上認真地走。

也許會有人說，也不一定需要知道自己的命運，就努力打拚即可，當然這樣也很好，但如果知道目前應該要結婚，就應該好好找合適的對象；現在的時間點要好好認真工作，就要認真在事業

上；目前這個階段，就是要面臨有孩子，就會去面對自己應該遇到的時間點，那樣會更好，不會錯過應該做的時間點，應該要把握的時機，會讓您更了解人生目前的階段，少走一些冤枉路，也會順利一點，何嘗不為。

第二章

認識八字，可以做什麼？

知道自己人生的起伏

很多人遇到了問題，就想要找算命老師來發現原因，有些人生了孩子也想要找算命先生，看看有什麼需要注意的，很多人特別喜歡找算命老師，不管什麼大事小事都來找老師解決問題，我也常常替客人解決問題，藉由八字來確認是否個性的問題，或是運勢的問題，以及該努力的方向。

八字命理有四柱八字還有大運的部分，可以把命跟運分開，命是可以看出個性，可以看出跟家裡成員的關係，可以看與自己子女的關係，命需要跟大運作配合，如果命很好，但是大運普通，大致上來說，家裡環境不錯，但是出社會後比較平平；如果命不好，但是運走得很好，家庭環境可能普通，但是出社會後會有自己的一片天地。

在人的一生，運為什麼重要，因為運代表每一個階段要做的事情，人的一生走得好，運一定要搭配好，運包含財運、姻緣、事業等。最好的當然是希望出生的家庭好，讓自己在求學過程順利，出了社會，有機會遇到貴人，開創自己的事業，並且遇到合適的對象結婚，並且生孩子，剛好搭上自己的事業順利，在青壯年的時候，剛好運勢非常好，讓自己的生意大發，到了老年，退休的時候，運勢剛好平平，也能安享晚年。這是非常少的人可以這樣走的，很多人的八字好的運勢是在青少年或是老年，在青壯年的時候沒有搭上好的運勢，在應該好好賺錢的青壯年，反而沒有運勢來幫助自己的事業，在這段時間，當然要出人頭地就要非常努力，但是因為運勢的關係，所以在工作上容易表現平平。

也有很多人在二十五到四十歲也沒有婚姻的大運來到，所以很容易遇人不淑，導致家庭比較多的問題，遭遇吵架或是溝通上的問題，最後離婚。

曾經有一位單親的母親，獨自撫養一對兒女，其中兒子考上機師，可以當機長，月薪也是非常的高，也娶到機師，夫妻兩位都在航空業界服務，有一日，這位母親找到我，請教兒子當年的婚姻狀況如何？看了這位機師的八字，很遺憾地告訴她，她兒子在今年應該是會離婚，但是容易在工作場所，遇到未來的對象，並且比目前的太太還要年輕。過了幾年，遇到這位單親的母親，回覆告知，當年她的兒子果然離婚了，過了一段時間，在工作場所遇到現在的太太。

或許有些人會說：那早一點遇到我，可能機師不會有第一段婚姻，這樣的說法，我不是很認同，每一個人的姻緣不同，或許這樣的人生歷練對未來來說也是好的。

當然最好的就是自己學習八字，了解自己的命運，就會知道自己在什麼時段比較會遇到什麼狀況，自己調整心態，或是面對目前事情的處理，應該要比較積極或是要平靜面臨目前的狀況，多了解自己會比聽算命先生說的好得多。

認識自己幫助自己的事業、認識他人幫助共同事業

四柱八字，容易了解自己個性，與夫妻的關係、父母的關係，認識這些關係，也會比較知道自己的事業與這些人的關係，當然最重要的還是要了解自己的個性，知道自己的個性，就會知道自己

面對事情的處理方式，會比較有自覺，個性比較衝動的人，就知道自己有時候要冷靜；常常天馬行空的人，就要告訴自己要切合實際；心思太細膩，就要讓自己適時候要有的大刀闊斧的態度。

不只是知道自己的個性，由自己的個性，就會找合夥人，也會知道要怎麼找自己的合夥人，當然專業很重要，找到相輔相成的專業，但是跟自己個性是否合適更重要，與自己個性可以相輔相成，會是長久合作的重點。

如果自己的主見比較弱、意志比較薄弱，就要找比較強的合作夥伴；如果自己的主觀意見比較強，認為自己的方式通常比較好，就要找個性比較溫和的合作夥伴，可以跟自己相處得來，有共同的目標可以一起往前走會比較合適；如果自己的個性不是非常強，也不喜歡太有主見或是個性太懦弱的合作夥伴，就可以一樣找個性比較中庸的合夥人。

曾經有一位比較溫和的人來找我，從談話間，我認為可能是一位上班族，個性溫和、溫文儒雅，等到他拿八字給我看的時候，我跟他說：您雖然個性隨和，但是在公司應該是一個位高權重的人。他說沒錯，自己是公司的高層，公司所有的事情都需要經過他，他也把下屬的八字給我，他的下屬八字就是屬於行動力比較充足，講話各方面具有相當多的領導能力的人，但是因為他度量比較夠，所以他的下屬願意留下跟他一起打拚事業。

也剛好最近，他之前有位員工離職，過了半年、一年，想要回公司，我也利用八字幫忙確認，發現這位離職員工，缺錢，並且運勢不是非常好，就建議也許可以回來，但是不能待在比較重要的位置，因為運勢不佳，待在比較重要的位置，幫公司發揮的空間有限，也提供給這位在公司的高層參考了。

我的太太在西元二〇二一年剛好換工作，恰好是空降的主管，管理一整個部門，但這個部門剛好都需要補很多員工，一週有時候都要面試四到五個人，剛好利用我八字的專業，用出生年月日來論斷面試的人員。搭配上我太太的八字，我來幫忙挑選員工，我太太也覺得很滿意，我推薦可以用的員工，我太太也幾乎都讓他們進公司，我太太並不是以我說的八字為主，當然是以面試的感覺、專業背景、進對應退的方面作為最主要的考量，恰好八字顯示可用的人，跟我太太想用的人有雷同之處。通常我會說此面試的人，各方面都很好，處理事情可以獨當一面，有自己的邏輯，但要注意的是是否會服從上級的指示，會不會越級報告？如果注意的事項在面試的時候都可以排除，那就是一位很好的員工。恰巧的是，除了專業背景無法從八字命理得知，其餘譬如個性、是否能獨自作業、與同儕相處狀況，就如同我所敘述的一般，可以依照八字命理顯示的部分作為參考依據。

如果是當公司老闆或是創業人員，想要尋找合作夥伴，以八字命理當其中一項重要參考依據，是非常可行的，因為八字命理可以看到一個人的運勢起伏，找合作夥伴當然要找鴻運當頭之人。有很好運勢的人，自然判斷力、運氣，都會比較好，容易做出正確的判斷，幫助事業走向比較容易成功的道路。

知道孩子的個性，懂得如何和孩子相處

很多人認為人好難懂，人有很多面向，很多家長也認為，小孩好難懂，對於小孩未來的志向也常常左右其思想，認為做什麼比較容易在社會上生存，但我認為了解自己的天賦，運用自己所擅長的，最容易在社會生存，有時候家長認為的專業，在小孩身上難以發揮，因為家長認為社會認同的專業，套用在小孩身上，變得難以施展，並且變得憂鬱，因為自己不喜歡父母安排的專業，也不是自己的天賦，讓做的事情難以施展。

曾經找我看風水陽宅的夫妻，讓我看了他們子女的八字命理，是姊姊跟弟弟，姊姊看起來就是比較偏男生的個性，男生則是比較柔和，而且比較有依賴媽媽的個性，最主要的是，媽媽不知道要怎麼管女兒，女兒的主見太強，我跟媽媽說，您的女兒做事情比較果斷，比較沒辦法用管的，需要用引導的教育，並且我發現女兒對企業或是賺錢比較有興趣，可以引導女兒往自己有興趣的地方發展，一旦找到了自己的興趣，這個女兒不需要用管的，她可以把自己管理得很好，往自己的興趣發展。兒子比較隨波逐流，目前看似不用擔心，但出社會以後，男生對於事業的積極度比較少，可能當上班族會好一些。

還有一位媽媽，也是很煩惱地找上我，她的孩子是哥哥跟妹妹，哥哥小時候比較讓她擔心，因為課業不好，妹妹比較不用擔心，在學校課業不錯，還拿書劵獎，但現在都接近三十歲，有令人擔心的地方。我看了兩位的八字命理，我告訴媽媽，哥哥有想要創業的想法，並且對於錢財有

自己的一套做法，不需要擔心，這位媽媽說：哥哥確實自己已經創業成功，在臺北市有開三家店面，對於錢財有自己的想法，在股市也有不錯的表現。

之後我看了一下妹妹的八字命理，我告知媽媽說，您的女兒對於藝術有獨特的見解，對衣著也是比較注重，往藝術方面的工作比較合適，媽媽告訴我，本來在選擇大學科系的時候，女兒選的是藝術方面的科系，但是因為擔心未來的出路，所以讓女兒選了跟法律相關的科系，還讓女兒念了研究所，雖然都有拿到獎學金，但出社會後發現自己還是喜歡藝術相關的職業，我告訴媽媽，還是要讓女兒找尋自己喜歡的事物，往後人生會比較順利，心情會比較歡喜。

了解八字，會更認識自己，也可以利用八字找到自己的合作夥伴，幫助自己，也可以幫助與自己合作的人員。對於孩子的志向，也可以從八字命理看出與生俱來的天賦，讓人生走得順利、開心。

找到合適的伴侶，一起在人生道路上打拚

找合適的伴侶，有好幾個面向，有些有錢的成功人士，想要找明星，可以有媒體的力量，替自身打廣告，也可以娶得美人歸；有些人希望找到一起打拚的人，可以了解彼此、互相溝通。在找合適伴侶之前，也要先跟自己溝通，自己比較想要找什麼樣的伴侶，再來尋求八字命理的協助。

尋找伴侶是人生相當重要的課題，畢竟是要共度一生的，一起面對人生挑戰的人，不僅僅個

性要跟自己契合，在八字裡面也講求時間點的配合，才容易長長久久，並且在婚姻中、共同的人生中，一同面臨難關。

我看過很多夫妻的八字，有些離婚的、有些常有些爭執，有朋友特地拿他的八字跟太太的八字私下找我看，因為婆媳之間的問題，導致我的朋友深陷其中也很難過。從八字可以看出來，對於我朋友來說，太太跟他在家庭主導的分量是各一半，也就是說兩個人提出的事情都可以商量的，在男生來看，兩個人在家庭裡面都占舉足輕重的角色，兩個人共同提出議題，一起討論，共同解決；可是在太太的八字看起來，就是以先生為主，什麼事情都是先生說了算，讓太太在家裡都覺得沒有發言權。我說完他們家的現象，我的朋友很驚訝地表示，就是這樣，他一直覺得在家庭裡彼此都很重要，並且都會提出事情共同討論，但太太一直覺得先生提出的意見就是決策，太太怎麼商量也沒有用。

每一個人的八字都是獨立的，個性也是獨立的，會因為結婚的關係做一些改變以及調整，但是一個人大致上不管嫁娶誰，命運都是不會改變的，除非嫁娶的條件跟本身差很多，這個也是非常少見的狀況，有時候這樣身心比較會遭受衝擊，譬如：平民遇到貴族，如英國王室的黛安娜王妃、日本皇室的雅子皇后等。

門當戶對也是自古以來所講述的部分，這句話我相信古今中外，在絕大部分的情況下，這句話都是成立的，我在幫客人合婚，比較多是交往前的合婚，不是交往後再來合婚，交往前可以有比較多的對象可以選擇，這時候可以拿男生跟女生的出生日期，來確認彼此是不是有適合結婚的時間點，有些人會顧忌都還沒有那麼熟悉，就跟對方問出生時間會不會太冒失，就是因為有這樣的擔心，所以我只需要出生的日期就可以判斷，不需要出生的時間，根據雙方的出生日期，如果都是剛好遇到應該要結婚的時間點，可以說彼此是合適的，結婚也很容易長長久久，可以一直幸福下去。

第三章

對算命的一些道聽塗說

命會越算越薄嗎？

有些人會問根據民間的說法，算命會越算越不好，是這樣的嗎？科學就是同樣的方式、同樣的方法、同樣的流程，可以得到同樣的答案，這個問題沒辦法經由大量的數據得知，但是每一個人的八字命盤，卻是科學的，每一次排的命盤，一定是一樣的，所以每一次的算命應該也是相同的，不會有命越算越不好的結論。

但有些人，卻是一直喜歡算命，一直換不同的算命師，想要找到自己命運的答案，如果是這樣的心態，就比較容易會命越算越薄、命運越走越差，因為內心一直陷入，人是被命運所主宰，積極面對人生的心情會漸漸消逝，就會越來越消極，人生就會越走越偏。

《了凡四訓》是明朝，一個叫「袁了凡」的人，以自己的親身經歷寫下的書，也是留給子孫的家訓，在書中說「了凡」先生在年輕的時候，遇到一位姓孔的算命師，算出三次國家考試的名次，第一次是童生考試第十四名，第二次是府學考試第七十一名，第三次是提學考試第九名，都被算命師精準說中，後來又說了凡先生在五十三歲壽終，沒有小孩，自此以後，了凡先生認為天命沒有辦法改變，開始平淡了無生氣的生活，直到遇到雲谷禪師，在禪師的開導下，行善積德，改變心態，生下兩個兒子，在七十四歲才壽終，在《了凡四訓》中，也有詳細寫如何行善，改變自己的命運。

一命、二運、三風水、四積陰德、五讀書，命跟運生下來就註定，沒辦法更改，但是積陰德、讀書跟心態很有關係，積陰德是要有一顆善心，善心會改善人跟人之間的關係，也會改善人跟動物的關係，也會改善人與環境、大自然的關係，有了善心，就會有正向的循環，會朝著越來越好的方向前進。

讀書要有目標的讀書，譬如要考公務員，要考一種專業的技術，或是想要對某方面要有一種才能，都算是讀書的一種，不管是積陰德，還是讀書，並不是一蹴可幾，馬上就可以改變的，是需要花費長時間，一年、兩年甚至十年，才會對讓人生有所改變，所以把算命當成人生的解答，就太小看自己了。

我個人是非常尊敬自己命運、運勢，相信自己的命運，但絕對不會有宿命論，不會被自己的命運綁住，牽絆自己的思想，我也相信有信念的力量，自己有信念走的路會比較踏實，一步一步地完成自己的目標，會慢慢改善自己的命運。

八字輕的人，比較容易遇到鬼？

很多人會計算八字的輕重，我記得小時候，甚至有翻譯機輸入自己的生日時間，還可以算自己的八字有幾兩重，坊間也說越輕的八字，越容易遇到鬼，直到我接觸八字命理，發現八字沒有輕重或是幾兩重的問題，但有身強身弱的看法，所以在八字裡面沒有比較輕就比較容易遇到鬼的理論。

有些人比較容易看到無形的神或是鬼，我認為那是個人的因緣，跟八字的輕重，或是八字的身強身弱無關，我遇過比較容易接觸到無形的朋友，也都是跟自身的因緣、緣分有關係，跟八字的輕重比較沒有關係。

家父的朋友，名叫輝德，住家樓上有一位太太，本身喜歡吃喝玩樂、燈紅酒綠，後來家中不知發生什麼事情，抑鬱寡歡，居然跳樓自殺。輝德家樓下本來住著一對雙胞胎女生，自從樓上太太自殺之後，開始喜歡去夜店，晚上不睡覺，家裡因為這對雙胞胎姊妹個性大變，非常的苦惱，因為這件事情去問了不少人，求神問卜，最後選擇搬離此地。

剛好這時候輝德的女兒考上大學，念的是音樂學系，個性乖巧，作息非常正常，打從鄰居搬走之後，開始喜歡去夜店，生活日夜顛倒，性情大變，喜愛玩樂，過了半年，輝德一位許久不見的朋友，突然打電話來，說我們有緣分，所以我知道您家裡出事情了，來幫忙處理，因為女兒房間的窗戶剛好在申方，申方剛好也是鬼神的方位，後來做了一些法事把窗戶封起來，女兒隔天也漸漸變回原來的作息，也變回原來乖巧的模樣。

父親好友輝德的女兒發生的事情，跟八字輕不輕或是重不重無關，跟機緣或是緣分比較有關係，八字命理著重的是強弱之分，藉由強弱跟大運來判斷命運的高低起伏。

算命師是江湖術士，覺得準是因為察言觀色？

很多人認為算命師，很會順著人講話，可以觀察那個人的穿著、儀態、神情，來判斷這個人處於什麼樣的狀態，就可以說什麼樣的話，來符合被算命者的心理需求。

西方也有巴納姆效應，這是一種心理現象，幾乎全世界的人都可以適用，被算命者會認為這是為個人量身訂做的高度準確評價，這些描述有些模糊並且普遍。

心理學家佛瑞（Bertram Forer）於一九四八年做出此效應實驗的證據，他讓一群學生做人格測試，測試完後，會給每一個學生拿到「屬於自己特質的分析結果」，佛瑞讓拿到測試結果的學生進行評分，契合度最高是五分，學生平均給了四點三的高分，顯示相當滿意。但事實上每一個人拿到的分析結果都是一樣的。

每位學生拿到同樣的分析內容大致如下：

一、你希望得到他人的喜愛，但有時候會覺得哪裡做不好。

二、自己知道有些缺點，但大致上都可以彌補。

三、自己知道有尚未開發的潛力，還有擅長的地方等待開發。

四、自己看似堅強的個性，內心有時有不安、有時會擔心自己的表現。

五、你喜歡某些程度的變動，受到限制的時候，會感受自己內心的不滿。

六、你認為自己是獨立思考的人，不會接受沒有充分證據的說法。

七、有時候對別人過度坦白會有些許後悔。

八、有時候你很外向、開放、親和，有時候謹言慎行。

九、處理事情比較務實，但有時候想的事情是不切實際的。

一般人拿到這些敘述時，都會覺得是在說自己，因為這是人類的普遍現象，這些比較籠統的言語，很多人會覺得很準，是因為有些算命師把這些籠統的話告訴被算命者，讓被算命者覺得自己被了解，當然學算命也有所謂的「鋼口」，就是比鐵口直斷還厲害的部分，這個部分就會比較像「巴納姆效應」，這樣也對，那樣也對，所謂的「鋼口」，陳弘我自己不會，也沒有學過。

我學的八字命理，並非用這些模稜兩可的言語來告訴被算命者，而是比較清楚地指出個性的部分，或是和創業者的八字，還有婚姻以及家庭狀況，每一個八字都會顯示已經發生或是還沒發生的人生狀況，八字的命盤，每一個算命師排出的都會一樣，命盤上一定會顯示出生命的軌跡。在第四章中，會有很多真實的故事，以及命盤，有八字功力的讀者，可以藉由命盤來找尋故事的軌跡，可以知道命盤上會顯示什麼事情；沒有學過八字的讀者，可以了解八字，看出什麼現象。

算命可以知道不吃牛肉，能避開劫難？

類似這樣的問題很多，譬如：有些人去算命，算命先生說目前可能有車關、水關、血光之災，吃牛肉，運勢會變不好；吃豬肉或是海鮮，容易有濕疹等，我學的八字沒有這樣的禁忌，還是要回歸科學，科學就是同樣的理論，全世界都適用，全球的人類應該都要可以適用的理論，不是只有在臺灣可以用。

至於有些地方因為宗教，不能吃豬肉，有些因為宗教不吃牛肉，有些因為過敏，不能吃海鮮，這樣的劃分會比較科學，有關於車關、水關等等，這些就需要通靈人士才會知道，單憑八字命理，是很難知道會有車關、水關，還有劫難的事情，我大致上認為，也只有通靈的人、或是修行者、已經超越生死或是真的領悟者才會知道，據我所知，近代有高僧，也是知道自己即將圓寂的時間，大約是過年的時候，知道火化場要過完年後才有空，於是告知弟子，農曆年後才圓寂，確實也是高僧在生前預計的時間圓寂。

家父的風水老師也是屬於特殊人物之一，所以他在世的時候也會知道關於劫難的事情，不管是這個世界即將發生的事情，或是自己的劫難，一般的凡夫俗子，要憑藉八字命理，很清楚知道劫難，應該著實不易。

與其想要知道自己是否遭受劫難，每天胡思亂想，還不如靜下心來，做任何事情皆步步為營，一步一腳印，好好經營自己的一切事務，如果是我自己，就會把陽宅風水安排好，其他盡人事，聽天命，好好努力在人世間生活。

東方、西方各式算命，哪一種比較準？

大部分的人都對自己的命運想要清楚知道，東方有面相、手相、八字、卜卦等。東方的算命以易經為主，陰陽五行、天干地支、先天八卦、後天八卦為基礎，進而了解人生運勢、個性、與父母關係，朋友關係、配偶等；西方算命，比較多是占星術、塔羅牌，占星術也是星象學，利用天體的相對位置來預知人的運勢，使用出生的時間與出生的精確經緯度，來計算重要的天體與相對應黃道之間的關係，可以知道個性、財運、配偶、工作等。

塔羅牌是一套七十八張的紙牌，由二十二張的主牌與五十六張的副牌組合而成，可以反映求問者的心靈層次和心理狀態，可以了解占卜者與其他人的感情、工作情況、人際關係等狀況。

有些人問到底哪一個比較準確？兩者的理論基礎，與使用方法皆不同，但我認為兩者一定各有優缺點，就好像有人問說：請問哪一個品牌的跑車跑比較快？我想跟賽車手大有關係，所以哪一個比較準也跟算命師有關係，只要算命師非常熟練，並且專精，就會準確，因為東方、西方的算命，就像一套工具，工具是死的，但人是活的，一樣的木材、一樣的工具，給不同雕刻師雕刻，雕刻出來的東西一定不會相同，所以沒有哪一個方法比較準確，重點是使用這套學問的人，是否有掌握到這套學問的精髓，來幫人處理內心的問題。

命算的準，就能避開所有厄運？

很多人算命，想要知道流年、想要知道明年的運勢，甚至希望算命師把一月到十二月的狀況都說出來，如果哪一個月會遇到車關，就不要騎車、開車要小心；如果遇到水關，就不要去海邊、溪邊。如果有算命師可以如此預言，並且都命中，我真的認為是神仙降世，這樣的算命老師，必定大排長龍，不過，我認為有這樣麼神準的老師，必定不會講出來，幫人消所有的災、解所有的厄，然後可能需要承擔這些災跟厄，因為我認為每一個人都會遇到應該要遇到的事情，沒有人可以幫你承受這些應該遇到的苦、應該遇到的災、應該遇到的厄，該遇到的就是會遇到，只能說自己平日存有善心，並且朝著光明走，自自然然，大事化小事，小事化小小事，但是自己應該要承受的還是要承受，每一個人都需要經歷考試、工作、生活、家庭的壓力，不然每一個人都可以安然無恙，直到老死，那就不合這個世界的邏輯了。

算命可以算出哪一個時間點或是哪一段時間，會承受比較艱困的時間，可能身體、心理都會有壓力，並且不是在很好的狀態，但是具體會發生什麼樣的事情，在算命中是沒有辦法具體說出來的，我們藉由算命得知目前的運勢比較不好，就要保守面對，如果在工作上遇到困難，就必須先冷靜想想辦法，不要躁動不安，如果身體出了一些問題，也要先讓自己的作息正常，心情各方面先穩定下來，先求穩。

總之，算命可以知道運勢的起伏，但沒辦法逃過應該要面對的人生各種問題，關於車關、水關，不管是騎車、開車，都要小心並且遵守交通規則，喝酒不開車，開車不喝酒；去海邊、溪邊游泳，救生設備也一定要隨身攜帶，不是命運的問題，是自己有沒有準備齊全，保護好自己的問題。我自己是有證照的臺灣水上救生員，深知溺水的問題，有非常多種，包含衣服吸水太重、溪或是海有暗流、沒有穿救生衣、被人拖下水等，但我們在受訓的時候，教練絕對不會說：哪一個人運勢比較差，要多注意他。

算命是否可以算出死亡時間？

我在上八字課程的時候，我常常跟學生說，歷代有許多很有名的算命師，沒辦法把自己死亡的時間算出來，甚至還會差好幾年，這些大師都沒辦法把自己的死亡時間算得精準，我們又何嘗有能力把每個人的死亡時間算準？歷代高僧也都可以得知自己的圓寂時間，並且提早更衣沐浴，涅盤寂靜，或是提早告知弟子，做好準備，我想這些知命的高僧也不是看自己的八字得知的。家父的風水老師，在往生之前也告訴過我的父親，在他八十五歲以前有一個劫難，如果過了就可以活到九十六歲，關鍵是生病的時候不能送榮民總醫院，也常叮囑我父親。

事情就是這麼巧合，在八十五歲那年的十一月，家父的風水老師在家中突然跌倒，被學生送到榮民總醫院，學生不知道不能送榮民總醫院，家父人剛好在國外五天，事情就是這麼巧，家父的風水老師被學生送進去榮總後，不久就往生了。家父的風水老師知道的事情，也不是看命理得知的。

八字命理，有些還是可以看出何時會有劫難發生，到底是不是死亡時間，也不一定，後面有真實的故事，也有他們的八字命盤，可以看出劫難發生的年分。

一般人來找我算命，有些也會問老師是否可以看出過世的時間，通常我會回答：現在的醫學已經非常進步，超越了很多命理的限制，譬如：有些人生不出小孩，醫學有試管嬰兒；有些人肝臟、腎臟，甚至心臟出了問題，都可以透過現在的醫學來解決，可以用心導管、換肝、換心、換腎等，古代沒有這樣的醫學，遇到劫難很容易就沒辦法過關卡，所以從八字命盤上面，發現可能有劫難，藉由現代科學，很有可能可以突破命中的劫難，所以人的生死，以目前來說，很難用命理來斷定過世的時間點。

通靈與算命有何不同？不用說，算命師都知道？

很多人把算命師當成通靈者，只有給自己的生辰八字，就希望算命師多講一點，最好把家裡從祖父的事情鉅細靡遺地講到小孩，我認為去找私家偵探可能比較快一點。在這個世界上，不管什麼通天的本領，都會有優缺點，去找通靈者，首先也要確認，他是否真的通靈，有時候靈有沒有來，我們也不確定，通靈者也不見得每件事情都知曉，我相信也有他的限制；同樣地，算命先生使用八字命理，也有限制的，同樣出生時辰的人應該不只一位，家庭背景也不相同，可能國籍也不同、工作內容不同、遇到的困難也不盡相同，但是同天同時辰出生的人，可能會遇到類似相同的困境，譬如：人際上面的問題、身體健康的問題、男女之間的問題、錢財方面的問題，算命師可以針對客人的問題，加以解答。

中醫講求望聞問切，是有順序的，先望診觀察病人的身體狀況，如面色、舌苔；再來是聞診，聽病人說話的聲音、咳嗽，並且確認是否有異味；問診是詢問病人的狀況、病史；最後才是切診，就是把脈。西醫也是先詢問病人的狀況，加上觀察，最後才是診斷。醫生也沒有通靈，必須了解病人的所有狀況才能做診斷，算命師是依據命盤加上客人想要知道的問題，或是面臨的狀況，然後跟客人做論斷，沒有辦法，就滔滔不絕地從小時候發生什麼事情，講到老年。算命老師不是神仙，無法調閱每個人的前世今生所有資料，還是需要根據客人敘述的狀況來論斷。

剖腹生的孩子要依據什麼時間算命？

有些婦人因為身體或是胎兒的關係，不能自然生產，譬如：產前出血、胎位不正、子宮之前手術、胎兒過輕或是過重等，只能剖腹生產，所以就會想要知道，小孩的出生時辰要以剖腹時間為主嗎？有些人因為知道要剖腹，就請算命老師選時間，這樣小孩出生的時間點也是算剖腹的時間點嗎？

答案是：小孩就是用剖腹的時間點來排八字命盤。

有些人會問：選時間剖腹生的孩子，命一定很好嗎？我認為不一定，原因一要非常確定找的算命老師真的會選時間；原因二有時候選了對的時間，但是很有可能產婦提早肚子痛，有時候醫生在選定的時間沒辦法接生、有些莫名的原因會讓生產提早或延遲，這些都是很有可能的。另外，根據我選日子的經驗，在選剖腹的時間，通常都是在兩週左右的時間，有時候在這兩週的時間，很難選出非常理想的八字，只能選出相對好的八字，好的八字包含四柱八字本身，也要連大運一併考慮，要在裡面選出相對地比較好的，加上時辰，最好不要選在半夜，讓醫生跟家人都要犧牲睡眠時間，就是考驗算命師的功力了。

分散在全球的人，如何計算出生的日期？

在現在的社會裡，網路已經是不可或缺的生活必備品，要找資訊或是訊息，用手機就可以找到，很多旅居國外的臺灣人，想要找算命師，現在也很容易透過網路，找到跟自己有緣分的老師，有很多朋友找到我，想要我幫忙算一下在國外出生的孩子，或是孩子嫁娶的對象是外國人，想要我幫忙解答一些問題。

命盤的排法，一樣是按照當地的時間即可，不需要換算到中原的時間，有些老師可能會換算到中原的時間，南北半球的算法也不相同，理由是八字命理是由中國人發明的，所以時間要回歸中國北京時間，南、北半球的運算方式不相同，是因為南、北半球的季節剛好相反，所以在八字上面，南、北半球大約會相差六個月分。

我認為如果一套理論是可以用的，應該全球適用，譬如：加速度定律、微積分、星象學等。陽曆是太陽跟地球關係而定的曆法，陰曆是因為月亮跟地球的關係而定的曆法，陽曆與陰曆也不會因為南、北半球而不相同；跟八字相關的節氣，實際上會跟太陽與地球的關係，產生節氣，節氣的變化就是太陽照射到地球的角度不同而產生，節氣的時間變化，不會因為南、北半球或是在中國、在美國，而有不一樣節氣變化的時間點，所以計算八字命理，直接使用當地出生的時間即可。

如果還是有人針對經緯度跟八字排盤方式有疑問，就要請問在赤道出生的人，應該要怎麼計算呢？恰好在南半球跟北半球的中間，全年沒有春夏秋冬之分，南、北極出生的人，也都沒有春夏秋冬之分，甚至有半年的時間都是白天或是黑夜，要怎麼計算呢？

既然八字命理的排盤，是根據年、月、日時間，時間的定義應該以當地時間為準，因為根據太陽跟地球轉動的關係，產生出的時辰，就應該根據當地的時間，不需要轉換到北京的時間。

最近小人比較多，要怎麼預防？

來算命的客人或是一般人，常常會說小人比較多，小人就是會陷害自己，或是在私底下，說自己壞話、扯後腿的人。有些人終其一生也很少遇到小人，或是很難被小人所陷害，從八字是否可以看出最近小人比較多呢？

從八字，可以看出人的性格，有些性格就是會容易讓人為所欲為、欺負，或是招攬一些不喜歡的事情上身，這個從八字多多少少是可以看出來的，所以就是人的個性的關係，容易有不好的事情上身，也會有遭遇不好的朋友的時期，會被朋友陷害、借錢，因而破財、或是有官司之災。

從八字可以看出，哪一段時間，或是本身的個性，容易有不好的朋友、同事出現，按照這樣的邏輯，出現的狀況是在自己的八字上面，所以是自己的問題造成的，最終還是要檢視自己的個性、行為模式，怎麼會造成如此的現象，可能是哪一方面的特質，容易在工作時遭受欺凌，是個性比較懦弱，還是自己的個性太海派，讓有心人士有機可乘，透過八字命理可以多少看出原因，但是能否真的改善遭受小人的狀況，也要看看自己可以改變多少，或是是否可以讓自己換一個環境。

命理師不能算自己的命，會算不準？

各種類型的算命，都是有一套模型算法或是命盤的排法，幫自己算命、排命排其實不難，並且是研究命盤的第一步，如果連自己的命盤都不知道，不能去了解自己的命運，怎麼能幫別人算命呢？

民國初年的八字命理大師韋千里，在自己寫的《千里命稿》中，也有寫自己的一生命運，並且指出，自己的命運裡面缺了祿，沒有辦法大發，只能寫寫文章。

當我學會八字命理之後，我也預測自己結婚的時間點在三十七到三十八歲，也發現在我結婚後，馬上就接著是子女的大運，果然我在三十七到三十八歲結婚，在三十九歲有了小孩，開始走子女大運。

自己知道自己一生的命運，走出自己的路，會比較踏實，也會知道自己的路應該要怎麼走。

家父在上課的時候，也會分享自己的八字，告訴課堂的學生，家父自己的一生；在上陽宅風水課程的時候，也會分享自己的住家，怎麼安排格局的，一套學問，就要先從自己開始，不管是學陽宅風水，或是八字命理，都要從自身開始，實踐跟驗證。

人的一生是否已經被命運所主宰？

世界上有部分的人有宿命論，就是相信人生很多事情都已經註定了，有一些人相信努力可以更改命運，大部分的人就是隨波逐流，該努力的時候努力，該休息的時候也放鬆自己，不相信努力可以改變人生，從小康變成很富有的人，也不會突然變成社會的最底層。絕大多數的人感覺，人生像是被一個無形的枷鎖綁住，或是被一個無形的圈圈限制住，很難突破，也不容易沉淪。

我認為人從出生，就決定了一條人生的道路，每一個人有各自的道路，已經大致上決定好了，一般人都會跟隨著自己的道路走，這樣的道路為什麼出生就已經決定了呢？因為一出生就決定了父母、家庭背景、國家、親戚、兄弟姊妹等。這些都是不能改變的，一旦出生就已經決定，大多數人的命運也已經決定，只有少數的人會鶴立雞群，譬如：大企業家王永慶、郭台銘、張忠謀等，但是我認為，這些人從出生就確定將來的道路，郭台銘曾經說過，「阿里山神木成其大，四千年前種子掉到土裡就決定了。」一顆棵千年古樹的種子，從落地那一刻，就已經決定它是千年古樹，這些傳奇的人物，從媽媽肚子出生的那一刻，也已經決定了。

說到這邊，感覺好像是宿命論的說法，反正就不要努力，人生的路都已經決定好了，我認為這樣的想法還是錯誤的，每個人有冥冥之中註定要走的路，這樣的路可以輕輕鬆鬆地慢慢走，也可以兢兢業業地快快走，雖然是同一條路，有積極的態度去完成自己的使命，一定會走向比較光明的格局，俗話說：「最難超越的是自己。」花多一點精神、力氣，努力向自己的目標邁進，人生一定會更好。

與其說命運已經註定了，不如說人生走得快還是慢、快樂或是痛苦、憤怒還是緊張、緊繃或是放鬆，還是操之在我們自己的手上。

讓命理師算命一定要給紅包，不然會有厄運上身？

坊間的說法，是因為算命師洩漏天機，所以一定要給紅包，消災解厄，也是一種業障的承擔，所以被算命者一定要給紅包。

我剛學完八字，因為想要多練習，在網路上面有為期將近一年替人免費算命，想要算命的人用email傳出生年月日跟出生的時間，我寫上我的論斷後回覆，大約算了有三百多人，少數的人有回應，並且感謝我提供資訊，敘述我的回答對他們來說幫助很多，其餘的人幾乎都沒有回信，也沒有說準或是不準，也沒有說謝謝，就像是把石頭丟入水中，都沒有聲息，之後我就不開放網路免費算命，開始讓大家隨喜，就是隨您的喜歡，看要給我多少潤金，這樣的活動，回應比免費算命要好很多，也得到比較多的尊重，直到西元二〇一八年，開始有對外固定的潤金費用，這時候與客人的互動更好，客人想要分享的，或是我提供的算命內容也更豐富。

所以對於算命收不收費用，我認為對於彼此有沒有重視，算命有收費用，所提供的命理諮詢也會更有作用，就好像比較高級的餐廳或是飯店提供的服務比較好，付出的費用也比較多，相對來的客人也會比較尊重這樣的服務，並且對於自己的檢視也會更深入，更會重視改善自己所處的狀態。

所以我認為算命一定要給紅包，也是自己對此次算命諮詢的重視，也是對算命老師的尊重，也是對算命老師的正向循環，可以讓每一次的諮詢服務更好。

☯命與運，哪一個重要？

命是與生俱來的，譬如：出生的國家、出生的家庭、兄弟姊妹、家裡的家庭狀況等；運則是運勢、運氣，比較屬於個人未來相關的部分。

有人會想要知道以八字來看，哪一個比較重要呢？當然都很重要，大家都想出生在一個好國家、好家庭，出社會後有長輩提攜，運勢很好、運氣特別棒，最棒的事情都發生在自己的身上。想要做什麼都可以實現，擁有順遂人生的人實在是太少了，所以有些人出生在一個很好的家庭，長大後也是平平安安過一生，比較少有起伏，這是命好；有些人在一般的家庭長大，長大後創業風生水起，成為一號人物，這是運好加上自身的努力。最終到底哪一個比較好，我認為都很好，可以接受自己，努力過自己人生的是最好的。

或許有些人會說：這些是大家都知道的道理，那麼八字怎麼評判呢？八字最好就是五行中和，五行中和就為中庸之道，強在平順，人生比較少起伏，但如果運要來搭配，並且可以看出好運跟不好的運差很多，通常命就沒有那麼的強、那麼的好，所以運來的時候就可以乘風破浪，運就是順風，運就是會幫忙推一把，命與運最重要還是要相輔相成，多多看八字命理搭配真實的人，漸漸會懂得這樣的道理。

第四章

誰說算命是統計學？

我遇過很多人，常常問我說：算命是不是統計學？我認為我所學的八字命理跟後天派陽宅皆不是統計學，統計學是藉由已經有的資料，蒐集、整理、歸納、分析，整理後得出一個結論，是由結果反推出來，八字命理跟後天派陽宅的理論不是由結果反推出來的邏輯，而是中國老祖宗留下的算術邏輯，這樣的理論是早就有的，所以命盤是生下來就固定了，很多人生的軌跡也定好了。以下是我算過一些命盤，可以實證不是統計學，因為隱私的關係，沒有說出確切的人名以及其人的背景，其他皆呈現的真實故事。

由八字算出家族都不知道的秘密——外婆首胎流產

在西元二〇一二年左右，我剛學八字命理，就跟朋友說是否可以給我出生年月日，還有出生時間，讓我練習，那時候剛好跟很多好朋友，開了一家日用品的店面，其中一個好朋友名叫瑟娜，很開心地把她的生日跟出生時間給我，讓我研究，我也拿給父親看一下，家父看完之後說：可以跟這個八字的瑟娜確認一下，她的外婆第一胎是否流產了？

聽到這樣的訊息，我超級驚訝，沒想到八字可以知道，外婆流產。當然，因為我是理組畢業的，所以有求證的精神，下次見到瑟娜，我告訴她家父看到的訊息，瑟娜當下不知道，說有機會回去問問看。

時柱：	日柱：	月柱：	年柱：
偏印		偏印	正印
乙	丁	乙	甲
巳	巳	亥	子
庚戊丙	庚戊丙	甲壬	癸
正財 傷官 劫財	正財 傷官 劫財	正印 正官	七殺

劫財	比肩	傷官	食神	正財	偏財	正官	七殺	正印
丙	丁	戊	己	庚	辛	壬	癸	甲
寅	卯	辰	巳	午	未	申	酉	戌
戊丙甲	乙	癸乙戊	庚戊丙	己丁	乙丁己	戊壬庚	辛	丁辛戊
傷官 劫財 正印	偏印	七殺 偏印 傷官	正財 傷官 劫財	食神 比肩	偏印 比肩 食神	傷官 正官 正財	偏財	比肩 偏財 傷官

過一陣子見面，瑟娜用很驚訝的表情告訴我，她的外婆第一胎確實流產，並且整個家族都不知道，她是直接問外婆的，外婆很驚訝地問她：妳怎麼會知道這件事情？因為這件事情只有瑟娜的外婆跟外公知道，當年是西元一九四〇年左右戰後，營養不夠，所以只好忍痛去醫院，把第一胎流掉了。

我自己在西元二〇二一年第一次對外開八字班，也幫學員看了一下八字，這是其中一個學員給我的八字，運用了父親教的方法，我也說此人的外婆是否第一胎流產，過一到兩小時，這個學員馬上在Line中，表示超級驚訝的，甚至告訴我說已經嚇到吃手手了，因為整個家族也都不知道這件事情，居然從孫子的八字命盤可以知道外婆流產的事情。

從這樣的經驗裡，可以知道八字命理是科學，可以用同樣的方法反覆印證，得到相同的結果。

時柱：	日柱：	月柱：	年柱：
偏印		正官	正官
甲	丙	癸	癸
午	午	亥	巳
己丁	己丁	甲壬	庚戊丙
傷官 劫財	傷官 劫財	偏印 七殺	偏財 食神 比肩

偏印	正印	比肩	劫財	食神	傷官	偏財	正財	七殺
甲	乙	丙	丁	戊	己	庚	辛	壬
寅	卯	辰	巳	午	未	申	酉	戌
戊丙甲	乙	癸乙戊	庚戊丙	己丁	乙丁己	戊壬庚	辛	丁辛戊
食神 比肩 偏印	正印	正官 正印 食神	偏財 食神 比肩	傷官 劫財	正印 劫財 傷官	食神 七殺 偏財	正財	劫財 正財 食神

此人外婆第一胎流產的八字

同性戀可由八字看出

中國五術自古以來都是說陰陽調和，所以在陽宅風水上、以及八字命理上面，也都重視陰陽調和，但是同性之戀是到近代才慢慢被人所接納，同性之戀是出自於天生，性向的部分，是沒辦法後天改變的，八字命理著重在於出生的時間，也是無法改變的，人一出生大部分的命運也決定了，所以我也好奇，那麼同性戀，是否可以由八字來看性向？因此我蒐集了一些同性戀朋友的八字，專心研究一下，找出相關的邏輯性。

有一次，有一位朋友，透過網路找上我，希望我幫他排命盤，後來發現他還要一起找一位同性朋友，並且想要詢問關於感情上的問題，所以我早先就分別拿到兩個名字，以及相對應的出生年月日，在算命的前一天，我也已經把命盤排好。

見面的時候，因為是 COVID-19 疫情期間，大家都戴口罩，這兩位來算命的朋友也都戴著黑色的口罩，所以一開始就根據他們給我的命盤，用他們兩位各自的外表，我猜兩位各是哪一個命盤，在他們還沒有對我說話之前，我先跟分別告訴他們的名字，他們也回覆確實就是各自的他們。

確認好各自的命盤後，我馬上帶著有點忐忑並且稍微緊張的心情，一開口就先問其中一位說（看起來是短髮，比較中性的耳環），想要先確認一件事情，請問您是否是同性戀者？雖然現在已經是多元文化的社會，還是擔心會有不禮貌的部分，他也很大方地回覆我說：「是的。」

這一開始的這兩件事情：第一，把各自的名字準確說出；第二，準確說出同性戀的事情，立

年柱	月柱	日柱	時柱
七殺	比肩		偏財
壬	丙	丙	庚
午	午	午	子
丁劫財 己傷官	丁劫財 己傷官	丁劫財 己傷官	癸正官

正印	偏印	正官	七殺	正財	偏財	傷官	食神	劫財
乙	甲	癸	壬	辛	庚	己	戊	丁
巳	辰	卯	寅	丑	子	亥	戌	酉
丙比肩 戊食神 庚偏財	戊食神 乙正印 癸正官	乙正印	甲偏印 丙比肩 戊食神	己傷官 癸正官 辛正財	癸正官	壬七殺 甲偏印	戊食神 辛正財 丁劫財	辛正財

刻驚豔了這兩位來算命的客人。

時柱：	日柱：	月柱：	年柱：
正財		正官	正官
庚子	丁酉	壬子	壬子
癸七殺	辛偏財	癸七殺	癸七殺

七殺	正印	偏印	劫財	比肩	傷官	食神	正財	偏財
癸卯	甲辰	乙巳	丙午	丁未	戊申	己酉	庚戌	辛亥
乙偏印	癸七殺 乙偏印 戊傷官	庚正財 戊傷官 丙劫財	己食神 丁比肩	乙偏印 丁比肩 己食神	戊傷官 壬正官 庚正財	辛偏財	丁比肩 辛偏財 戊傷官	甲正印 壬正官

在我開的八字課程上，也有學生拿親朋好友的八字來給我確認，如上是學員的朋友，拿給我看八字的時候，我說此人是位漂亮的女生，並且對於藝術方面有天賦，並且是擅長的，然後我覺得此人應該是同性戀者，我的學生非常驚訝地說：「是的！」

時	日	月	年
柱	柱	柱	柱
：	：	：	：
食		偏	偏
神		財	財
壬	庚	甲	甲
午	寅	戌	寅
己丁	戊丙甲	丁辛戊	戊丙甲
正正	偏七偏	正劫偏	偏七偏
印官	印殺財	官財印	印殺財

正	七	正	偏	正	比	劫	食	傷
財	殺	官	印	印	肩	財	神	官
乙	丙	丁	戊	己	庚	辛	壬	癸
丑	寅	卯	辰	巳	午	未	申	酉
辛癸己	戊丙甲	乙	癸乙戊	庚戊丙	己丁	乙丁己	戊壬庚	辛
劫傷正	偏七偏	正	傷正偏	比偏七	正正	正正正	偏食比	劫
財官印	印殺財	財	官財印	肩印殺	印官	財官印	印神肩	財

看到這樣的八字，我認為此人交往的對象，比較容易是純陽的八字，所以我也希望我的學生可以提供交往對象的生日即可，不一定需要時間，因為有時候跟對方要時間，反而會覺得比較奇怪，或是讓人產生防備的心態，感謝我的學生給我對方交往對象的國曆生日，時辰為我自己所選的，如上所示。

相信算命師，錯過婚姻、錯過青春

我一直都在科技業擔任工程師的角色，所以很少有人知道我會用八字算命或是看風水，一直到我出了《後天派陽宅風水——陳弘老師教您趨吉避凶好運旺旺來》一書，之前有合作過的廠商業務，開始來找我問問題，其中有一個認識多年的好朋友，化名嬋娟，剛好有工作的需求，嬋娟來拜訪我，也順便請問我：為什麼嬋娟的兩個姊姊皮膚白，嬋娟的皮膚偏黑，個性也跟兩位姊姊大不相同，兩位姊姊的個性比較相同？我馬上回答說：是否您的母親懷嬋娟的房子，跟懷姊姊出生的房子是不同的？嬋娟說對。我說房子跟懷孕生小孩非常有關係，不同的房子會生出不同個性的孩子，甚至會影響膚色，基於這個原因，嬋娟把出生年月日跟時間給我，希望我回答她一些問題。

嬋娟說年輕的時候算命，很多算命先生言不適合結婚，所以嬋娟到現在都沒有結婚。我看了一下嬋娟的八字，我跟嬋娟說在二十七歲的時候，其實有對象，並且是適合結婚的時候，她說：「對！」那時候有一個交往的對象，後來因為算命先生說自己不適合結婚，所以就沒有結婚了。我跟嬋娟說：其實男友一直都沒有斷，很多人追求，直到四十三歲以後才單身。她也說：是的，沒錯，時間點都很準確。

她也問我：之後是否有機會找到伴侶？我說從八字命理看來是有的，祝福她找到適合心儀的對象。

找我算命的人，有些人會說之前的老師說得如何如何，但是我的看法通常會不相同，譬如嬋

時柱：	日柱：	月柱：	年柱：
正印		傷官	偏財
丁	戊	辛	壬
巳	申	亥	子
庚戊丙	戊壬庚	甲壬	癸
食比偏	比偏食	七偏	正
神肩印	肩財神	殺財	財

偏財	正財	七殺	正官	偏印	正印	比肩	劫財	食神
壬	癸	甲	乙	丙	丁	戊	己	庚
寅	卯	辰	巳	午	未	申	酉	戌
戊丙甲	乙	癸乙戊	庚戊丙	己丁	乙丁己	戊壬庚	辛	丁辛戊
比偏七	正	正正比	食比偏	劫正	正正劫	比偏食	傷	正傷比
肩印殺	官	財官肩	神肩印	財印	官印財	肩財神	官	印官肩

娟，應該有機會跟適合的對象結婚，結果反而被算命先生所耽誤了，我更想說的是，與其被算命先生耽誤，不如增加自己的判斷力，在當下，應該好好地問自己，在該結婚的時間點遇到對象，是否自己應該要接受婚姻，或是找親朋好友給些意見？我想應該會比去問算命先生來得準確很多，自己的未來應該還是要掌握在自己身上，不應該讓別人決定自己的未來。

雙胞胎命運大不同，八字當然也不同

很多人說：雙胞胎、三胞胎、多胞胎，如果出生的時辰都一樣，是否命運都相同？

相信很多人也都會有雙胞胎的同學，或是朋友，但往往命運是不相同的，大部分的雙胞胎，個性都不一樣，當然八字也是不同的。

幾年前，有一個客人，暱稱金妹，透過網路找上我，希望我幫忙解答她心中的疑問。一見面，發現是個漂亮的女生，一開始我就開始論命，沒想到，金妹回我說：都不是我說的那樣，比較像是姊姊的狀況，可能因為她是雙胞胎的妹妹，知道了金妹是雙胞胎妹妹後，我馬上改了命盤，並且開始論命，包含金妹在二十二歲結婚、金妹的姊姊在二十七歲結婚，並且也說明她的姊姊過得不錯的部分，她也都很認同，以下是她的八字的部分。

她也很奇怪地問我說：不是都是同一個時間生的嗎？為什麼命運大不同呢？

對我來說，雖然是同一天、同一個時間生的，但是八字是不一樣的，所以個性也會不一樣，命運也會不相同，兩個人的結婚時間點也會不一樣，妹妹告訴我，一出社會，是當空姐，後來結婚後，因為家庭的關係，換成一般的上班族工作，家庭經濟也一般般，也是過得比較辛苦的生活，反觀姊姊，結婚的對象，比較好，經濟上比較不用擔心，也不需要上班。

從八字來看，妹妹的八字，的確就是比較辛苦的八字，姊姊的八字，運勢很順，自然也比較容易找到經濟比較好的對象。

時柱：	日柱：	月柱：	年柱：
正財		食神	正官
乙	庚	壬	丁
亥	子	寅	巳
甲壬	癸	戊丙甲	庚戊丙
偏財 食神	傷官	偏印 七殺 偏財	比肩 偏印 七殺

劫財	比肩	正印	偏印	正官	七殺	正財	偏財	傷官
辛	庚	己	戊	丁	丙	乙	甲	癸
亥	戌	酉	申	未	午	巳	辰	卯
甲壬	丁辛戊	辛	戊壬庚	乙丁己	己丁	庚戊丙	癸乙戊	乙
偏財 食神	正官 劫財 偏印	劫財	偏印 食神 比肩	正財 正官 正印	正印 正官	比肩 偏印 七殺	傷官 正財 偏印	正財

如果大家有注意到雙胞胎的個性，通常一方會比較強勢，一方比較弱勢，那是因為八字是不同的，並且在一定的規律下，導致雙胞胎的個性會一個比較強，一個會相對比較弱一點。

在此書中，很抱歉，不解密如何排雙胞胎的命盤方式了。

由八字就知道父親有外遇

在之前的文章中，我告訴讀者，我跟朋友一起開了一家賣生活用品的店面，當時候也因為這樣的店，認識很多朋友，當這些朋友知道我會算八字命理，也都會找我來問事情，其中有一個印象比較深刻的，暱稱書靜，她喜歡算命，也看過很多算命師，每年也都會去算流年，我一拿到這個八字，也給家父看了一下，家父指出，此人小時候，在二到六歲，就大運是丙火的時候，父親應該有外遇，我聽完超震驚，是真的嗎？當時迫不急待地想要印證，八字命理居然可以顯示其父親外遇的時間點？

當時我的內心澎湃激昂，依然不太相信，只根據八字就可以知道書靜的父親外遇，一直懷著忐忑的心，直到跟書靜見面，問她說：您的父親是否在您二到六歲時候有外遇的情況。

書靜超驚訝地說：「對！」並且告訴我，她算了那麼多命、看了那麼多的算命師，也只有我跟她說父親在她小時候外遇。

但我內心知道，這是家父告訴我的，聽到書靜的回應，我當下也超級驚嚇，沒想到八字命理，也是一種紀錄，不只記錄人一生的運勢，也記錄人生發生的一些事情。

時柱：	日柱：	月柱：	年柱：
劫財		正官	正官
己	戊	乙	乙
未	寅	酉	丑
乙丁己	戊丙甲	辛	辛癸己
正正劫	比偏七	傷	傷正劫
官印財	肩印殺	官	官財財

92	82	62	52	42	32	22	12	2
七殺	正財	偏財	傷官	食神	劫財	比肩	正印	偏印
甲	癸	壬	辛	庚	己	戊	丁	丙
午	巳	辰	卯	寅	丑	子	亥	戌
己丁	庚戊丙	癸乙戊	乙	戊丙甲	辛癸己	癸	甲壬	丁辛戊
劫正	食比偏	正正比	正	比偏七	傷正劫	正	七偏	正傷比
財印	神肩印	財官肩	官	肩印殺	官財財	財	殺財	印官肩

時柱	日柱	月柱	年柱
食神		七殺	偏印
乙	癸	己	辛
卯	卯	亥	酉
乙	乙	甲壬	辛
食神	食神	傷劫 官財	偏印

85	75	65	55	45	35	25	15	5
正官	偏財	正財	食神	傷官	比肩	劫財	偏印	正印
戊	丁	丙	乙	甲	癸	壬	辛	庚
申	未	午	巳	辰	卯	寅	丑	子
戊壬庚	乙丁己	己丁	庚戊丙	癸乙戊	乙	戊丙甲	辛癸己	癸
正劫正	食偏七	七偏	正正正	比食正	食	正正傷	偏比七	比
官財印	神財殺	殺財	印官財	肩神官	神	官財官	印肩殺	肩

熙嬅的八字

這樣找到父親外遇的方法，同樣適用於其他的狀況，最近有位朋友叫熙嬅，對於自己的命理有興趣，因而找上我，想要了解自己的命運。

此八字顯示，十五到十九歲時候，父親外遇，熙嬅告訴我，確實在她小時候，父親就被懷疑有外遇，但是一直沒有明確的證據，等到熙嬅大約十五歲的時候，家裡就確實了父親外遇的事實。在八字命理中，也確定可以看出家人，在什麼時間點外遇。

婦人一生為情所困，丈夫外遇由婦人本身八字就可以看出

我大約在三十歲時，曾經到大陸常駐過，當時因為工作的關係，會遇到很多廠商，當然這些廠商的業務都是當地人，這是其中一位供應商的業務——媛婉，媛婉是本科畢業的，工作能力以及進對應退的態度都非常好，也很會跟大家交朋友，只是臉上不經意會透露出一絲絲的憂傷。她有天跟我開口借錢，想要調度一下，我找藉口拒絕，隔一陣子，媛婉就離職了，來接替媛婉的人，是媛婉的同事，告訴了我媛婉的一些事情，我回臺灣後還是有用微信保持聯繫，媛婉的同事告訴我，媛婉希望我幫忙算一下八字命理，媛婉的八字如下頁。

媛婉的八字很特殊，她的母親對媛婉的影響比較大，並且是比較負面的影響，可以說跟母親很常見面，但是不喜歡與母親相處，據媛婉說，母親從小管媛婉比較嚴格，對於生活大小事情都管理嚴格，長大後連財務也都還看得很緊。

媛婉八字比較關鍵的是先生有外遇的狀況，並且媛婉容易為情所困，後來得知，媛婉的先生在結婚後，對家庭就比較冷淡，媛婉在三十六歲懷上第三胎的時間，先生都沒有在家裡，雖然沒有明說外面是否有跟其他女生交往的狀況，但偶爾先生回家，衣服上總有些香水的味道，生下老三後，過幾個月先生回家了，再過一到二年兩位和平離婚。

媛婉的同事告訴我，媛婉的工作能力強，也滿會賺錢的，但是感覺心情總不是很好，生活也沒有很順遂，我說這樣的八字，容易為情所困，因為感情容易讓自己陷入困境，如果想要自己

時柱：	日柱：	月柱：	年柱：
正財		偏印	比肩
丙	癸	辛	癸
辰	酉	酉	丑
癸乙戊	辛	辛	辛癸己
比食正	偏	偏	偏比七
肩神官	印	印	印肩殺

87	77	67	57	47	37	27	17	7
正印	七殺	正官	偏財	正財	食神	傷官	比肩	劫財
庚	己	戊	丁	丙	乙	甲	癸	壬
午	巳	辰	卯	寅	丑	子	亥	戌
己丁	庚戊丙	癸乙戊	乙	戊丙甲	辛癸己	癸	甲壬	丁辛戊
七偏	正正正	比食正	食	正正傷	偏比七	比	傷劫	偏偏正
殺財	印官財	肩神官	神	官財官	印肩殺	肩	官財	財印官

各方面好一點，就是遠離感情，好好地跟目前的孩子過生活，慢慢就會比較好了。當時我的內心想，但這樣的八字，終究還是想要找感情的，就像是飛蛾喜歡撲火，基因難以改變。

過了五、六年後，媛婉的同事想要請我幫忙再看一下八字，我說：不是都看過了嗎？原來是因為媛婉最近又交了一個新男友，想要請我確認一下，我就笑笑地說：之前都確認過了，關鍵就是要遠離感情，這樣的八字，再有感情，就會陷入下一個困境。

所以一個人的八字，就像一條路徑，這樣的路徑，是上天已經規劃好的，雖然已經提醒，前方有危險要避開，可是大部分的人，終究還是要走那一條，上天已經規劃好的路。

三歲重病送醫的小孩，精準確認好轉時間

大部分的人，遇到很多事情，是先找專業人員，等到真的沒辦法了，就會開始尋求玄學。西元二〇二一年初，有一位媽媽，因為女兒蕙如生病，所以找上我，希望我幫女兒蕙如看一下八字命理，我的內心其實想說：身體有問題，應該要先找醫生，不應該先看八字命理的，但是我還是跟她要了蕙如的出生年月日跟時間。

看完蕙如的八字，我跟蕙如的媽媽說，這個女兒在十歲以前都要特別小心，今年辛丑年更要注意。蕙如的媽媽才跟我說，蕙如現在因為腸出血、腹痛，目前住院中。我跟媽媽說，目前醫學很進步，應該沒有問題。蕙如的媽媽問我：何時可以出院？確認一下萬年曆後，我說這個孩子在今年的三月五日到四月五日，身體狀況最差，四月五日過後就會慢慢好轉，但是在今年的秋天，要再注意。後來真的在四月初後就出院，身體也比較健康了。到了今年秋天的時候，又因為腸胃的問題，進入醫院，蕙如的媽媽又來請問我一次，因為我上次有指出秋天要小心。我還是建議要遵從醫生的指示，度過難關應該就沒有問題，目前蕙如這個孩子，也在醫生的治療下，漸漸康復。

八字命理，把人生的道路大致都描繪出來，人往往都是順著這樣的道路走。現代的醫學如此進步，身體方面的問題也要相信醫學、相信醫生，按照醫生的指示，過好日常生活小心注意的部分，一定可以否極泰來，克服先天的體弱。

時柱：	日柱：	月柱：	年柱：
劫財		正印	正財
甲	乙	壬	戊
申	亥	戌	戌
戊壬庚	甲壬	丁辛戊	丁辛戊
正正正	劫正	食七正	食七正
財印官	財印	神殺財	神殺財

81	71	61	51	41	31	21	11	1
偏印	劫財	比肩	傷官	食神	正財	偏財	正官	七殺
癸	甲	乙	丙	丁	戊	己	庚	辛
丑	寅	卯	辰	巳	午	未	申	酉
辛癸己	戊丙甲	乙	癸乙戊	庚戊丙	己丁	乙丁己	戊壬庚	辛
七偏偏	正傷劫	比	偏比正	正正傷	偏食	比食偏	正正正	七
殺印財	財官財	肩	印肩財	官財官	財神	肩神財	財印官	殺

八字身弱有可能發生什麼事情？

八字身弱，代表意志不堅定，容易隨波逐流，很多事情身不由己。我很喜歡研究八字，想要知道，什麼樣的八字會發生什麼樣的狀況，有特殊的八字，我都會想要了解一下。

我的學生，有一次給我一個自殺的八字。

這是一個自殺的八字，也是八字是身弱的，在二十九歲的時候自殺身亡了，此人的八字看起來就是有志難伸，各方面都受到阻礙，身心俱疲。

這是朋友給我的八字，只有生日，沒有時辰，從沒有時辰的八字，也可以大約看出此人的個性，給讀者參考。

時柱：	日柱：	月柱：	年柱：
		食神	食神
	庚	壬	壬
	午	寅	申
	己丁	戊丙甲	戊壬庚
	正正	偏七偏	偏食比
	印官	印殺財	印神肩

84	74	64	54	44	34	24	14	4
劫財	比肩	正印	偏印	正官	七殺	正財	偏財	傷官
辛	庚	己	戊	丁	丙	乙	甲	癸
亥	戌	酉	申	未	午	巳	辰	卯
甲壬	丁辛戊	辛	戊壬庚	乙丁己	己丁	庚戊丙	癸乙戊	乙
偏食	正劫偏	劫	偏食比	正正正	正正	比偏七	傷正偏	正
財神	官財印	財	印神肩	財官印	印官	肩印殺	官財印	財

奶奶往生的時間點精準確認

很多人問說：八字命理可以看出往生的時間點嗎？我必須說：現在由於醫學的進步，對於往生的時間點，很難精準指出，有些人指出，以往在報章雜誌上，可以看到有些算命先生真的可以說出人何時死亡的時間點，但是我們用另一個邏輯思考，難道同年同日同時出生的人，都會死於同一日嗎？這個應該是很難的，畢竟還有存在生活條件等各種因素。

以下是朋友的奶奶的生辰八字，我剛好有抓到往生的時間點，跟各位分享。

這位奶奶出生在中國大陸的大戶人家，後來因為戰亂，跟先生一起來到臺灣，是位相貌端容、美麗優雅的大戶人家，到臺灣之後，財運也不差，在大運乙卯運的時候，往生離世。

大運乙卯運，剛好就是日主，這樣的現象，稱為伏吟，大運走到伏吟，第五章會提到，運勢會往下走，各方面都會不順利。所以我拿到此八字的時候，就問朋友：奶奶是否在七十八歲乙卯大運過世？朋友立即回覆：是的。

時柱：偏財	日柱：	月柱：食神	年柱：食神
己	乙	丁	丁
卯	卯	未	卯
乙比肩	乙比肩	乙比肩 丁食神 己偏財	乙比肩

88	78	68	58	48	38	28	18	8
傷官	比肩	劫財	偏印	正印	七殺	正官	偏財	正財
丙	乙	甲	癸	壬	辛	庚	己	戊
辰	卯	寅	丑	子	亥	戌	酉	申
癸偏印 乙比肩 戊正財	乙比肩	戊正財 丙傷官 甲劫財	辛七殺 癸偏印 己偏財	癸偏印	甲劫財 壬正印	丁食神 辛七殺 戊正財	辛七殺	戊正財 壬正印 庚正官

值得敬重的老師往生時間點

中國大陸在西元一九六六年到西元一九七六年歷經文化大革命，在這段時間內，中國很多的古文物遭到破壞，還有中國的傳統文化也遭到衝擊，包含中國五術文化。

在這段時間內，五術的書籍大多焚毀，有些五術老師，在戰亂時從中國逃到香港、臺灣或是海外等其他地方，讓中國傳統的山、醫、命、相、卜，得以保存流傳。

其中一位父親最敬重的五術老師，也跟著國民軍來到臺灣，把家傳的五術，傳給後世的人，在八十五歲時候往生，由八字來看，大運剛好是丁卯，與日主沖。

時柱：	日柱：	月柱：	年柱：
食神		正官	正官
乙	癸	戊	戊
卯	卯	午	午
乙	乙	己丁	己丁
食神	食神	七殺 偏財	七殺 偏財

85	75	65	55	45	35	25	15	5
偏財	正財	食神	傷官	比肩	劫財	偏印	正印	七殺
丁	丙	乙	甲	癸	壬	辛	庚	己
卯	寅	丑	子	亥	戌	酉	申	未
乙	戊丙甲	辛癸己	癸	甲壬	丁辛戊	辛	戊壬庚	乙丁己
食神	正官 正財 傷官	偏印 比肩 七殺	比肩	傷官 劫財	偏財 偏印 正官	偏印	正官 劫財 正印	食神 偏財 七殺

由八字可以確認美麗女子年輕時的感情

記得幾年前的某一天，有位快要年過半百了，還是很年輕、很有活力的女士來找我。

我在她還沒來之前，在她的八字命盤寫下二十一歲有機會生小孩，三十三到四十七歲紅鸞星動，很多人追求，有機會結婚。

她來了以後，相談甚歡，所以我就把寫下的字給她看了。二十一歲有機會生小孩這行字，突然讓她紅了眼眶，講述起那段時光，後來沒有跟二十一歲的男朋友結婚，也確實在那個時間有了小孩，但是沒有生下小孩，最近在考慮是否跟目前的男友結婚。在過程中，她也問我：這樣的八字，適合什麼樣的工作？或是未來會發生什麼樣的事情？如果命理都知道會發生事情，那我們為什麼還要活著？就這樣過就好了。

我想很多人都會有這樣的疑問，如果都知道了，人生都已經被規劃好了（因為命都決定了，或是因果都定了，或是上帝都安排好了），那我們還活著做什麼呢？

因為今天來算命的這位女性，有受過西方教育，我就問她：西方教育跟東方教育最大的不同在哪裡呢？

她說西方的教育都比較是引導式的，我說：對，西方的教育比較容易讓人找到自己喜歡的事情，就會很開心地去做，縱使都已經決定了未來的道路，但是做自己喜歡的事情，往往會走出更好的道路。

時柱	日柱	月柱	年柱
正印		劫財	七殺
辛	壬	癸	戊
亥	寅	亥	申
甲壬	戊丙甲	甲壬	戊壬庚
食神 比肩	七殺 偏財 食神	食神 比肩	七殺 比肩 偏印

83	73	63	53	43	33	23	13	3
食神	傷官	偏財	正財	七殺	正官	偏印	正印	比肩
甲	乙	丙	丁	戊	己	庚	辛	壬
寅	卯	辰	巳	午	未	申	酉	戌
戊丙甲	乙	癸乙戊	庚戊丙	己丁	乙丁己	戊壬庚	辛	丁辛戊
七殺 偏財 食神	傷官	劫財 傷官 七殺	偏印 七殺 偏財	正官 正財	傷官 正財 正官	七殺 比肩 偏印	正印	正財 正印 七殺

人生的道路，要記得停下來欣賞路邊的花，縱使你已經知道未來的路，但是一定要找出自己的喜好，讓人生的路途，走得更開心。

被我算出十九歲發生大事情

我剛學八字命理的時候，是在西元二〇一〇年，父親鮮少對外開八字命理班，剛好那年對外開班，我也第一次參加，並且學習，上完課之後，想要練習這個八字，剛好這時候認識了一位朋友——靚婞，她是一位個性大方的女生，對朋友豪爽，在大學的時候就出國念書，研究所也在國外念的，個性比較像外國人，說話比較直接，認識她的時候，她已經結婚，有一個小孩，是因為工作的關係認識的，當時跟她說，我剛學八字命理，是否有機會給我生日，以及出生時間讓我練習一下？可能是因為她在國外讀書，個性比較坦率豪爽，馬上就給我相關訊息。

也因為我剛學會八字命理，本身是工程師的關係，我看完後就直接跟靚婞說，妳在十九歲是否有墮胎？她馬上回我說：怎麼可以跟你說？這樣的反應讓我嚇一跳，只好把這件事情藏在心中。

因為工作的關係，所以每隔一段時間，我們都會因為工作見面，並且有工作上的互動，也沒有因為上次說十九歲發生的事情，產生見面的尷尬，但至少都再也不會談到十九歲的事情。過了五、六年，因為合作的案子即將結束，未來要見面的機會也不多。在最後幾次見面，靚婞跟我聊到，在臺灣高中畢業的時候，自己沒有考到滿意的學校，跟家裡鬧得有點不愉快，所以靚婞就離家打工，後來找到一個酒店會計的工作，老闆請她去給客人送茶、送酒，小費比較多，她也樂得常常送酒水去客人那兒，就這樣遇到一位客人很喜歡她，給她的小費特別多，她也喜歡上這位溫文儒雅的客人，就這樣跌入了戀愛的情境，什麼都給了他，也因為這樣，靚婞的父親把她

時柱：	日柱：	月柱：	年柱：
正財		劫財	比肩
辛卯	丙寅	丁酉	丙辰
乙	戊丙甲	辛	癸乙戊
正印	食神 比肩 偏印	正財	正官 正印 食神

82	72	62	52	42	32	22	12	2
食神	傷官	偏財	正財	七殺	正官	偏印	正印	比肩
戊子	己丑	庚寅	辛卯	壬辰	癸巳	甲午	乙未	丙申
癸	辛癸己	戊丙甲	乙	癸乙戊	庚戊丙	己丁	乙丁己	戊壬庚
正官	正財 正官 傷官	食神 比肩 偏印	正印	正官 正印 食神	偏財 食神 比肩	傷官 劫財	正印 劫財 傷官	食神 七殺 偏財

送出國念書，當年大約十八、十九歲。

這樣的經驗也讓我知道，在算命過程中，在闡述的各個方方面面時都要相當注意，包含對方的感受度、接受度等。

有些女生沒有保護自己身體的心態

每個人的家庭都會留給後代一些觀念，我們家的觀念也是盡量不要殺生，接觸的朋友也是悲天憫人居多，對於墮胎這樣的事情，周圍朋友幾乎沒有，直到我開始會算命之後，發現有些女生，對於墮胎就比較沒有那麼小心。

這是我朋友親戚的八字，一拿到這個八字，我回覆：這樣八字的女生，做事情比一般人仔細很多，有時候會帶給周圍的人一些困擾，並且在二十七到三十一歲，很容易有墮胎的問題。

這位朋友回覆說：此親戚在這段時間確實生了一個小孩，並且墮胎二到三次，剛好都是流年遇到有金的時候，懷孕並且墮胎。

時	日	月	年
柱	柱	柱	柱
：	：	：	：
比		七	劫
肩		殺	財
己	己	乙	戊
巳	巳	丑	辰
庚戊丙	庚戊丙	辛癸己	癸乙戊
傷劫正	傷劫正	食偏比	偏七劫
官財印	官財印	神財肩	財殺財

82	72	62	52	42	32	22	12	2
正	偏	劫	比	傷	食	正	偏	正
印	印	財	肩	官	神	財	財	官
丙	丁	戊	己	庚	辛	壬	癸	甲
辰	巳	午	未	申	酉	戌	亥	子
癸乙戊	庚戊丙	己丁	乙丁己	戊壬庚	辛	丁辛戊	甲壬	癸
偏七劫	傷劫正	比偏	七偏比	劫正傷	食	偏食劫	正正	偏
財殺財	官財印	肩印	殺印肩	財財官	神	印神財	官財	財

美麗的老師遭受愛情困擾，傷害自己的身體

這是我遇過數一數二漂亮、美麗的客人，因為愛情，受傷很深，所以來找我算命解惑。

有一天一位女客人——妡芯，因為感情遇到困難找上我，當我看到妡芯時，發現她簡直是模特兒的身材，身高約一百七十二公分，腿長，面孔姣好，儀態優雅，說話溫柔，告訴我對於愛情上面有些困擾而找上我，當下針對她跟男生的八字做了一些專業的分析，當時沒有專心確認是否有孩子的部分，直到都解決了妡芯愛情上的問題，她才跟我說：陳弘老師，我有墮過好幾次胎。我才認真確認妡芯的八字，確實是可能墮胎的八字。

在這邊還是需要跟讀者說明，自己的身體要自己好好地照顧，並不是八字命理出現容易墮胎，就一定會墮胎，目前的科學已經非常的進步，對於避孕的措施，都有相當多的途徑，這個部分，跟是否可以由八字預測死亡時間是一樣的道理，如果一切都按照自然的法則，當然避無可避，但是現今的時代，科學進步，很多事情都是可以有方法避開，也不需要迷信，還是希望各位可以用現代的方法保護自己，愛惜生命，往好的方向前進。

時柱：正印	日柱：	月柱：正官	年柱：比肩
戊	辛	丙	辛
戌	酉	申	酉
丁辛戊	辛	戊壬庚	辛
七殺 比肩 正印	比肩	正印 傷官 劫財	比肩

偏財	正財	食神	傷官	比肩	劫財	偏印	正印	七殺
乙	甲	癸	壬	辛	庚	己	戊	丁
巳	辰	卯	寅	丑	子	亥	戌	酉
庚戊丙	癸乙戊	乙	戊丙甲	辛癸己	癸	甲壬	丁辛戊	辛
劫財 正印 正官	食神 偏財 正印	偏財	正印 正官 正財	比肩 食神 偏印	食神	正財 傷官	七殺 比肩 正印	比肩

白手起家的命格

大家應該也很想了解，老闆的命格，或是白手起家並且事業有成的人，八字應該是什麼樣子？家父有很多學生，其中不缺乏事業有成的人，這些事業有成的人，也希望可以再好一點，在人生挫折的時候可以有些幫助。這些人有很多都是白手起家，都是我非常敬佩景仰的，今天介紹其中一位，比我還年輕幾歲，出社會後，就靠自己的力量找出路，並且在世界各地做生意，也有做直播的生意，在臺灣也是繳稅的大戶。

這個人做過很多生意，包含玉石的生意、在網路做銷售的生意等，幾年前也告訴我，在臺灣需要繳上百萬的稅，當然他也曾有生命比較低潮的時候，來跟家父學陽宅，並且有按照家父的教學更改房子的格局，之後告訴我說，改了房子的格局之後，生意各方面都有上軌道，也在他的臉書上看到，他在各國的股市都有穩定賺錢，我可以很確認地說，這樣的八字之後還是會一直找到賺錢的機會，在人生中一直創業，並且會創業成功，穩定地持續獲利。

時柱：	日柱：	月柱：	年柱：
正官		食神	正印
丁	庚	壬	己
亥	申	申	未
甲壬	戊壬庚	戊壬庚	乙丁己
偏食	偏食比	偏食比	正正正
財神	印神肩	印神肩	財官印

85	75	65	55	45	35	25	15	5
傷官	偏財	正財	七殺	正官	偏印	正印	比肩	劫財
癸	甲	乙	丙	丁	戊	己	庚	辛
亥	子	丑	寅	卯	辰	巳	午	未
甲壬	癸	辛癸己	戊丙甲	乙	癸乙戊	庚戊丙	己丁	乙丁己
偏食	傷	劫傷正	偏七偏	正	傷正偏	比偏七	正正	正正正
財神	官	財官印	印殺財	財	官財印	肩印殺	印官	財官印

另一位家父的學生——羿霸，也是白手起家，創建了幾家公司，以房地產建造商為主業。他剛出社會的時候，只有拿五十萬新臺幣到上海一個人闖蕩，後來回臺以後，因緣際會之下，跟家父開始學後天派風水，也改了家裡的格局，之後也跟了一位老闆，這位老闆也是一位富家子弟，住上好的風水的房子。

羿霸本身的命格也是非常的好，本人又非常努力積極向上，到目前為止，開創了三到五家公司，包含建設公司、營造公司、與建築業相關的公司，不只事業不錯，也有位美麗能幹的老婆，還有一對兒女，非常幸福，是人生的勝利組。

時	日	月	年
柱	柱	柱	柱
：	：	：	：
傷		正	傷
官		官	官
丙	乙	庚	丙
子	未	子	辰
癸	乙丁己	癸	癸乙戊
偏	比食偏	偏	偏比正
印	肩神財	印	印肩財

偏	正	食	傷	比	劫	偏	正	七
財	財	神	官	肩	財	印	印	殺
己	戊	丁	丙	乙	甲	癸	壬	辛
酉	申	未	午	巳	辰	卯	寅	丑
辛	戊壬庚	乙丁己	己丁	庚戊丙	癸乙戊	乙	戊丙甲	辛癸己
七	正正正	比食偏	偏食	正正傷	偏比工	比	正傷劫	七偏偏
殺	財印官	肩神財	財神	官財官	印肩財	肩	財官財	殺印財

羿霸的八字

自行創業的生技老闆

有些好的八字，代表可以承受比一般人強的壓力，也代表可以高人一等，這是我朋友的前主管，化名林翰禮，可以稱之為林董，本來在一家公司擔任醫學處的主管，後來了解公司營運後，離開原本安穩的公司，開設新藥開發公司，專注於開發創新藥物，包含治療危及生命、癌症、眼科、免疫相關疾病等新藥。

在創業的過程中，林董一邊研究新藥，一邊就讀長春藤名校哥倫比亞大學EMBA，讓自己更熟悉資本市場的運作，因此獲得一個大商機，因為此學校本身研發一項跟神經萎縮相關的一項醫學技術。

這位林董，目前才四十多歲，擔任公司董事長兼任總經理，打敗了五家國際大藥廠，取得哥倫比亞大學相關技術授權，因為林董提出與眾不同的技術，可以讓新藥研發提早上市，相信在林董的帶領下，這家公司未來在臺灣必定會嶄露頭角，將臺灣的新藥推向世界的舞台。

感謝林董願意分享出生年月日以及時辰，讓讀者跟我可以學習。

時柱：	日柱：	月柱：	年柱：
正印		正財	七殺
戊	辛	甲	丁
子	酉	辰	巳
癸食神	辛比肩	癸食神　乙偏財　戊正印	庚劫財　戊正印　丙正官

偏財	正官	七殺	正印	偏印	劫財	比肩	傷官	食神
乙	丙	丁	戊	己	庚	辛	壬	癸
未	申	酉	戌	亥	子	丑	寅	卯
乙偏財　丁七殺　己偏印	戊正印　壬傷官　庚劫財	辛比肩	丁七殺　辛比肩　戊正印	甲正財　壬傷官	癸食神	辛比肩　癸食神　己偏印	戊正印　丙正官　甲正財	乙偏財

成功創業的講師

這是一個成功創業人士的八字，火星爺爺出生八個月後得到小兒麻痺，七歲之前都還不會走路，在學校中也沒有什麼朋友，小時候也比較封閉，不擅長與人交流，大部分的時間都待在家裡，後來讀書的時候，開始敞開自己的胸懷，畢業後到銀行上班，直到母親過世，開始走自己想要走的人生道路。

曾到知名唱片公司做行銷，擔任主管，幫助公司唱片大賣，在四十歲開始走向人生創業的路，成為作家、講師、創業幾家公司。

這是令我敬佩的老師，從他年輕開始寫作，並且與大眾互動，做出與眾不同的方向，得到很好的成績，在八字裡面也可以感受到老師擇善固執、勇往直前的堅毅性格。

時柱：	日柱：	月柱：	年柱：
比肩		劫財	正印
己	己	戊	丙
巳	巳	戌	午
庚戊丙	庚戊丙	丁辛戊	己丁
傷劫正	傷劫正	偏食劫	比偏
官財印	官財印	印神財	肩印

81	71	61	51	41	31	21	11	1
偏印	正印	七殺	正官	偏財	正財	食神	傷官	比肩
丁	丙	乙	甲	癸	壬	辛	庚	己
未	午	巳	辰	卯	寅	丑	子	亥
乙丁己	己丁	庚戊丙	癸乙戊	乙	戊丙甲	辛癸己	癸	甲壬
七偏比	比偏	傷劫正	偏七劫	七	劫正正	食偏比	偏	正正
殺印肩	肩印	官財印	財殺財	殺	財印官	神財肩	財	官財

八字顯示公司位高權重——總經理的八字

我的八字課程，學生會私下來請教自己的八字，某一天下課，這位學生跟我約時間來看他自己的八字，看了八字後，我說：您這個八字顯示，您在工作上面有很大的權力，並且管的人滿多的，但在工作上想的東西很多，壓力比較大，他回答我說：是的。我接著問他：您在公司中擔任的職位是什麼？他回答我：總經理，大約管理將近一百人的公司。

此總經理的運勢走得很好，所以一路順遂，但是八字本身沒有非常強，所以在工作上有時候會面臨各方面的壓力，不過運勢很好，總能逢凶化吉，走向康莊大道。

時柱	日柱	月柱	年柱
：傷官	：	：偏印	：正財
丙子	乙亥	癸亥	戊午
癸	甲壬	甲壬	己丁
偏印	劫財 正印	劫財 正印	偏財 食神

91	81	71	61	51	41	31	21	11
正印	七殺	正官	偏財	正財	食神	傷官	比肩	劫財
壬申	辛未	庚午	己巳	戊辰	丁卯	丙寅	乙丑	甲子
戊壬庚	乙丁己	己丁	庚戊丙	癸乙戊	乙	戊丙甲	辛癸己	癸
正財 正印 正官	比肩 食神 偏財	偏財 食神	正官 正財 傷官	偏印 比肩 正財	比肩	正財 傷官 劫財	七殺 偏印 偏財	偏印

拓展理髮店的成功創業女老闆

西元二〇一八年，有一對夫妻，太太叫姚緲，透過網路找到我，希望我能夠幫忙去確認陽宅，我當時比較忙，所以難得請家父去幫忙確認這對夫妻的住宅。家父回來跟我說：此房子是吉屋，是容易進財的房子，過了幾個月後，姚緲又請我去確認房子，我問姚緲：家父不是確認過了嗎？她說：想要開一家雙層樓髮廊，在比較偏遠的地方。我也過去幫忙安排髮廊的格局，發現此髮廊在新的大社區，這個社區除了位置非常偏遠之外，也沒有什麼住家。姚緲也藉此機會給我她的八字，此八字想要做的事情，會有毅力地往前走，並且也是適合從事藝術相關的行業，非常符合開髮廊，也提醒姚緲比較適合自己經營店面，自己當老闆，盡量不要跟人合夥。

西元二〇二一年，姚緲又請我去看即將購買的別墅區的獨棟房子，也告訴我真的有賺到一些錢，之後還要拓展店面，也會再找我去確認，但此次會跟朋友合夥。我再次提醒姚緲，比較適合自己獨資，不知道是姚緲跟合夥人有些問題，或是有聽進去我的話，在出書之前，姚緲與合夥人還沒有開張營業，也預祝姚緲可以再開一家新的髮廊。

時柱	日柱	月柱	年柱
：	：	：	：
劫財		偏財	比肩
甲	乙	己	乙
申	卯	卯	卯
戊壬庚	乙	乙	乙
正正正	比	比	比
財印官	肩	肩	肩

89	79	69	59	49	39	30	19	9
正	食	傷	比	劫	偏	正	七	正
財	神	官	肩	財	印	印	殺	官
戊	丁	丙	乙	甲	癸	壬	辛	庚
子	亥	戌	酉	申	未	午	巳	辰
癸	甲壬	丁辛戊	辛	戊壬庚	乙丁己	己丁	庚戊內	癸乙戊
偏	劫正	食七正	七	正正正	比食偏	偏食	正正傷	偏比正

出家命格是否不一樣？

很多人會說：出家人的命格是否跟一般人不一樣呢？或是神父、牧師有不一樣的命格？我相信是有不一樣的命格，以下會舉幾個著名法師的例子，這些出生的時間，都是藉由google查到的，所以沒有出生的時間，僅用六個字來解釋這些出家人的八字。

一、釋聖嚴法師

釋聖嚴法師生於西元一九三二年一月二十二日，西元二一〇九年二月三日申時往生，從小出家為沙彌，在西元一九四九年因戰亂還俗，加入中華民國陸軍通信兵，隨著中華民國陸軍來臺，於西元一九六〇年皈依剃度於東初禪師門下，承繼臨濟宗與曹洞派，東初禪師圓寂後，承繼農禪寺住持，之後創立法鼓宗。

聖嚴法師的八字命理，空亡為申酉，申酉在此八字中恰巧是妻、財，在年柱、月柱、日柱也都是食神，表示腦筋思考很多，可以思考到一般人無法思考的道理。

時柱：	日柱：	月柱：	年柱：
		食神	正財
	丁	己	庚
	丑	丑	午
	辛癸己	辛癸己	己丁
	偏七食	偏七食	食比
	財殺神	財殺神	神肩

86	76	66	56	46	36	26	16	6
傷官	比肩	劫財	偏印	正印	七殺	正官	偏財	正財
戊	丁	丙	乙	甲	癸	壬	辛	庚
戌	酉	申	未	午	巳	辰	卯	寅
丁辛戊	辛	戊壬庚	乙丁己	己丁	庚戊丙	癸乙戊	乙	戊丙甲
比偏傷	偏	傷正正	偏比食	食比	正傷劫	七偏傷	偏	傷劫正
肩財官	財	官官財	印肩神	神肩	財官財	殺印官	印	官財印

二、釋淨空法師

釋淨空法師出生於西元一九二七年三月十三日，知名佛教講經法師，在 YouTube 上，可以很容易發現淨空法師的演講。

淨空法師的八字，空亡寅卯，寅卯在此八字中恰巧是妻、財，在月柱是食神，並且透干，在日柱有亥為根，表示腦筋思考很多，可以思考到一般人無法思考的道理，並且也擅長說話，把極深的理論可以深入淺出講出來，讓聽眾可以明白了解。

時柱：	日柱：	月柱：	年柱：
		食神	七殺
	辛亥	癸卯	丁卯
	甲壬 正傷 財官	乙 偏 財	乙 偏 財

84	74	64	54	44	34	24	14	4
正財	偏財	正官	七殺	正印	偏印	劫財	比肩	傷官
甲	乙	丙	丁	戊	己	庚	辛	壬
午	未	申	酉	戌	亥	子	丑	寅
己丁 偏七 印殺	乙丁己 偏七偏 財殺印	戊壬庚 正傷劫 印官財	辛 比 肩	丁辛戊 七比正 殺肩印	甲壬 正傷 財官	癸 食 神	辛癸己 比食偏 肩神印	戊丙甲 正正正 印官財

三、釋證嚴法師

釋證嚴法師出生於西元一九三七年五月四日，西元一九六六年於花蓮縣創立慈濟功德會，西元一九八六年創建花蓮慈濟醫院，西元一九八九年再創設慈濟護理專科學校。

證嚴法師的八字，空亡巳辰，巳在此八字中，恰巧是正官，正官在女性的八字也是丈夫的意思，此八字身弱，但有幸日柱下有一丑幫身，丑在六親也是指母親之意，慈濟功德會在初期，信眾越來越多，初期的普明寺已經無法容納眾人，在證嚴法師母親幫助下，購下一甲五分地，擴張使用並且興建大殿，符合八字裡面以丑為用神。

時柱：	日柱：	月柱：	年柱：
		偏財	七殺
	辛	乙	丁
	丑	巳	丑
	辛癸己	庚戊丙	辛癸己
	比食偏	劫正正	比食偏
	肩神印	財印官	肩神印

88	78	68	58	48	38	28	18	8
正財	食神	傷官	比肩	劫財	偏印	正印	七殺	正官
甲	癸	壬	辛	庚	己	戊	丁	丙
寅	丑	子	亥	戌	酉	申	未	午
戊丙甲	辛癸己	癸	甲壬	丁辛戊	辛	戊壬庚	乙丁己	己丁
正正正	比食偏	食	正傷	七比正	比	正傷劫	偏七偏	偏七
印官財	肩神印	神	財官	殺肩印	肩	印官財	財殺印	印殺

四、釋惟覺老和尚

釋惟覺老和尚生於西元一九二八年十月八日，西元二〇一六年四月八日往生，創立過建靈泉寺、中台佛教學院、中台禪寺等。

惟覺老和尚的八字，空亡申酉，等於是空亡比肩、劫財，也是自己的意思，對自己比較沒有看重，對於大眾的事物比較著重，在八字裡面，除了天干乙偏財藏在辰中，並且在年柱，比例較小，也沒有在八字裡面看到其他的妻、財。日主辛，坐下是丙火正官，對於開創新的事物也是非常在行，並且得祿於月柱，對於自己追求的事情，非常有毅力地往前進行。

時柱：	日柱：	月柱：	年柱：
		比肩	正印
	辛巳	辛酉	戊辰
	庚劫財 戊正印 丙正官	辛比肩	癸食神 乙偏財 戊正印

81	71	61	51	41	31	21	11	1
劫財	偏印	正印	七殺	正官	偏財	正財	食神	傷官
庚午	己巳	戊辰	丁卯	丙寅	乙丑	甲子	癸亥	壬戌
己偏印 丁七殺	庚劫財 戊正印 丙正官	癸食神 乙偏財 戊正印	乙偏財	戊正印 丙正官 甲正財	辛比肩 癸食神 己偏印	癸食神	甲正財 壬傷官	丁七殺 辛比肩 戊正印

五、已還俗的僧人的八字——北祥

之前介紹的都是近代影響力極高的僧人，也大致上透過網路了解他們的出生日子，接下來介紹，有出過家但還俗的僧人，來比對八字有何不同。

我都稱此人為北祥大哥，有些人稱他北祥師兄，大約在二十年多年前就認識他，那時候的他出家為僧人。當時北祥大哥在寺院幫忙帶兒童夏令營的活動，我也是過去幫忙的義工，當時的北祥大哥就展現領導能力，把寺院的活動帶得有聲有色，在寺院應該有十幾年的出家生活，之後還俗後，在家鄉開設公司，當了老闆，也把事業經營得有聲有色。

北祥大哥的八字，猛然一看就是屬於有能力，可以在社會上有所貢獻的人，壬丁合，正官來就我，是天生的領導人才，身強財透，可以賺得到錢，並且可以存得住錢財，空亡子丑，也非妻、財，還俗後的北祥大哥也有結婚生子，由此來看，此八字應該不是天生就應該出家的命格，最終還是有能力在社會上付出，對社會做出貢獻。

北祥大哥也是很有福氣的人，之前也有去中國大陸發展過，在中國大陸的住家屬於震宅離門，對於後天派來說是相當好的房子，在臺灣的公司，風水也是很好，所以生意滾滾來。

時柱：	日柱：	月柱：	年柱：
正官		正財	比肩
壬	丁	庚	丁
寅	巳	戌	未
戊丙甲	庚戊丙	丁辛戊	乙丁己
傷官 劫財 正印	正財 傷官 劫財	比肩 偏財 傷官	偏印 比肩 食神

85	75	65	55	45	35	25	15	5
偏財	正官	七殺	正印	偏印	劫財	比肩	傷官	食神
辛	壬	癸	甲	乙	丙	丁	戊	己
丑	寅	卯	辰	巳	午	未	申	酉
辛癸己	戊丙甲	乙	癸乙戊	庚戊丙	己丁	乙丁己	戊壬庚	辛
偏財 七殺 食神	傷官 劫財 正印	偏印	七殺 偏印 傷官	正財 傷官 劫財	食神 比肩	偏印 比肩 食神	傷官 正官 正財	偏財

六、已還俗的僧人的八字——平懋

這位還俗的大哥，是平懋大哥，我也認識他非常久，平懋大哥的太太，也是我認識多年的好友，當年他們兩位相戀結婚，朋友們非常驚訝，給予很大的祝福，目前他們也非常幸福，並且育有一子。

平懋大哥的八字，空亡辰巳，並非妻、財，在二十二歲的時候，大運乙酉，辰酉合在寺院結緣，在二十四歲出家，三十二歲大運丙戌，辰戌沖還俗。

平懋大哥的地支皆是印，表面上個性比較隨和，可以跟大家打成一片，但是內心以及自身的原則，很難被影響改變，身體偏寒，需要多運動，以及吃比較燥熱的食物來緩解。平懋大哥本身肝臟就有些問題，在八字裡面，屬於木的部分也都藏於地支，並且占的比例比較小，表示肝臟有問題，但是也勉強過得去。

當初我跟家父，也有去他們的住所確認陽宅風水，當時他們還沒有小孩，家父就預告，平懋大哥的太太如果懷孕的話，生男生的機率很大，後來平懋大哥的太太懷孕，果然生下一子。

目前的平懋大哥，一樣在修行的道路上，努力跟大家結緣，分享修行的方法，也祝福他們一家平安幸福。

時柱：	日柱：	月柱：	年柱：
傷官		食神	劫財
壬	辛	癸	庚
辰	丑	未	戌
癸乙戊	辛癸己	乙丁己	丁辛戊
食偏正	比食偏	偏七偏	七比正
神財印	肩神印	財殺印	殺肩印

86	76	66	56	46	36	26	16	6
傷官	比肩	劫財	偏印	正印	七殺	正官	偏財	正財
壬	辛	庚	己	戊	丁	丙	乙	甲
辰	卯	寅	丑	子	亥	戌	酉	申
癸乙戊	乙	戊丙甲	辛癸己	癸	甲壬	丁辛戊	辛	戊壬庚
食偏正	偏	正正正	比食偏	食	正傷	七比正	比	正傷劫
神財印	財	印官財	肩神印	神	財官	殺肩印	肩	印官財

戀愛男女，提早知道分手——案例一

自古就有傳言，男女結婚需要合八字，到底怎麼合八字呢？或是什麼是合八字？

一般大家認為差三、六、九歲都不好，我學完八字，認為這樣的想法是錯的，因為八字著重的是在日主，男女相差三、六、九歲的現象是在於年柱，所以在年柱上的差異其實不重要，八字因為是八個字的組合，由年、月、日、時辰組成，重點還是在於月柱、日柱、以及時辰，年柱的部分反而沒有那麼著重，除了確認這八個字之外，也要確認是否到了結婚的時間點。以八字來說，時間點也是很重要的關鍵。

在剛學八字的時候，當時比較年輕，周圍也有很多正在戀愛的男女朋友，也跟他們要了八字來練習，其中一位認識多年的好朋友，是位男生，我們都叫他日晟，以日晟的八字看起來，在工作上可以勝任管理職位，運勢方面也是不錯，在工作中容易得到升遷，日晟的家，也用後天派陽宅的方式調整過，他在一家上市公司，快十年的時間，至今，也破了公司升遷速度的紀錄，幾乎每年都有往上調整職位及職等還有職稱，可謂是人生勝利組。

在日晟還沒有結婚前，我剛學完八字沒有多久，跟他要了當時女友芬妃的八字，由芬妃的八字看起來，是比較自我的人，朋友不多，比較不會顧及其他人的感受，在大家庭生活比較辛苦，個性也比較孤僻，所以當時我跟日晟說：不建議繼續交往，甚至結婚。

後來日晟沒有聽我的建議，繼續交往，果然發現芬妃不容易跟家裡的兄弟姊妹、嫂嫂、弟媳等

時柱	日柱	月柱	年柱
正官		偏財	食神
乙	戊	壬	庚
卯	辰	午	申
乙	癸乙戊	己丁	戊壬庚
正官	正財 正官 比肩	劫財 正印	比肩 偏財 食神

85	75	65	55	45	35	25	15	5
傷官	食神	劫財	比肩	正印	偏印	正官	七殺	正財
辛	庚	己	戊	丁	丙	乙	甲	癸
卯	寅	丑	子	亥	戌	酉	申	未
乙	戊丙甲	辛癸己	癸	甲壬	丁辛戊	辛	戊壬庚	乙丁己
正官	比肩 偏印 七殺	傷官 正財 劫財	正財	七殺 偏財	正印 傷官 比肩	傷官	比肩 偏財 食神	正官 正印 劫財

男生：日晟的八字

相處，芬妃可能也意識到跟大家庭相處有困難，兩人便和平分手。

時柱：	日柱：	月柱：	年柱：
偏印		正財	比肩
戊	庚	乙	庚
寅	戌	酉	申
戊丙甲	丁辛戊	辛	戊壬庚
偏七偏	正劫偏	劫	偏食比
印殺財	官財印	財	印神肩

90	80	70	60	50	40	30	20	10
七殺	正官	偏印	正印	比肩	劫財	食神	傷官	偏財
丙	丁	戊	己	庚	辛	壬	癸	甲
子	丑	寅	卯	辰	巳	午	未	申
癸	辛癸己	戊丙甲	乙	癸乙戊	庚戊丙	己丁	乙丁己	戊壬庚
傷	劫傷正	偏七偏	正	傷正偏	比偏七	正正	正正正	偏食比
官	財官印	印殺財	財	官財印	肩印殺	印官	財官印	印神肩

女生：芬妃的八字

戀愛男女，提早知道分手——案例二

我年輕的時候會很多團康活動，所以有時候會被一些團體請去教團康，在這樣偶然的機會下，遇到一對情侶，男生的名字是靖康，女生的名字是甄瑄，甄瑄是念臺大的高材生，非常聰明，做任何事情可以用三個字來形容，就是快、狠、準，迅速確實，男生靖康做事情、下決定都比較慢，兩位算是互補的個性，這對情侶應該交往快十年了，甄瑄知道我會算八字，有天偷偷來問我說：是否可以幫他們看一下八字？看看適不適合結婚，或是有沒有未來？

我看了一下他們的八字，女生甄瑄的八字，近年都沒有紅鸞星動的時間，代表這些時間比較難遇到合適的結婚對象。

男生靖康雖然在大運上有妻、財，但是身弱，表示難以駕馭妻、財，雖然有姻緣，但是自己難以掌握。我跟女生委婉地說明，男生比較難以下決定，如果想要結婚的話，需要再等等，或是要給男生靖康一些小小的壓力，但是我的內心是覺得，如果男生無法下定決心，這對情侶應該是會分手了。

果然過了一年左右，就聽到這對情侶分手的訊息，並且再過幾個月，甄瑄就找到結婚的對象，開心地結婚了。

時柱：	日柱：	月柱：	年柱：
偏財		食神	食神
甲	庚	壬	壬
申	申	寅	戌
戊壬庚	戊壬庚	戊丙甲	丁辛戊
偏食比	偏食比	偏七偏	正劫偏
印神肩	印神肩	印殺財	官財印

81	71	61	51	41	31	21	11	1
傷官	偏財	正財	七殺	正官	偏印	正印	比肩	劫財
癸	甲	乙	丙	丁	戊	己	庚	辛
巳	午	未	申	酉	戌	亥	子	丑
庚戊丙	己丁	乙丁己	戊壬庚	辛	丁辛戊	甲壬	癸	辛癸己
比偏七	正正	正正正	偏食比	劫	正劫偏	偏食	傷	劫傷正
肩印殺	印官	財官印	印神肩	財	官財印	財神	官	財官印

社團的朋友——甄瑄的八字

時柱：	日柱：	月柱：	年柱：
偏印		傷官	傷官
己亥	辛巳	壬子	壬戌
甲壬	庚戊丙	癸	丁辛戊
正財 傷官	劫財 正印 正官	食神	七殺 比肩 正印

85	75	65	55	45	35	25	15	5
比肩	劫財	偏印	正印	七殺	正官	偏財	正財	食神
辛酉	庚申	己未	戊午	丁巳	丙辰	乙卯	甲寅	癸丑
辛	戊壬庚	乙丁己	己丁	庚戊丙	癸乙戊	乙	戊丙甲	辛癸己
比肩	正印 傷官 劫財	偏財 七殺 偏印	偏印 七殺	劫財 正印 正官	食神 偏財 正印	偏財	正印 正官 正財	比肩 食神 偏印

甄瑄的男友——靖康的八字

戀愛男女，提早知道分手，藉由八字成功找到女友

西元二〇一九年，我出了一本後天派陽宅的書籍，有以前的同事會找我問一些事情，或是有同事的親友也會找上我，這次則是前同事的弟弟霆謙，有感情上面的困擾，來找我確認八字。

霆謙那時候跟琬鈺交往，交往上面遇到了一些問題，我確認了一下霆謙的八字，最近沒有紅鸞星動的時間點，所以霆謙這個時候比較不容易遇到適合的對象，琬鈺在這個時間剛好是子午沖的時間點，所以女生會遇到一些事情，可能是家裡的關係，不容易結婚；琬鈺的八字顯示，對金錢的渴望比較多，目前對於愛情的部分比較沒有看到，所以對於結婚、家庭上面，也比較困難一點，所以我建議霆謙，可以好好跟琬鈺談談，確定要不要走下去。過一陣子，霆謙告訴我：目前確實是因為琬鈺家庭的關係，所以沒有辦法結婚，想要請教我該怎麼辦比較好？我當然說：這是您們需要好好解決的事情，不管是要結婚，還是要分手，如果結婚了，就要面對現實，兩個人的問題要好好面對；如果分手了，我可以幫忙確認霆謙遇到的對象，只需要生日即可確認。

過了半年多，霆謙跟我說分手了，並且陸續給我他遇到女生的生日，直到嵐菲的生日出現，我跟霆謙講：這個女生個性獨立，不會像小公主很黏人，或是很小女生需要你的保護，也不會太強悍，重點是這個女生也想要結婚，是適合結婚的對象。在霆謙的努力之下，西元二〇二一年底，兩人開始正式交往，相信他們會有情人終成眷屬。

時柱：	日柱：	月柱：	年柱：
正印		比肩	正官
戊	辛	辛	丙
戌	亥	卯	寅
丁辛戊	甲壬	乙	戊丙甲
七比正	正傷	偏	正正正
殺肩印	財官	財	印官財

90	80	70	60	50	40	30	20	10
劫財	偏印	正印	七殺	正官	偏財	正財	食神	傷官
庚	己	戊	丁	丙	乙	甲	癸	壬
子	亥	戌	酉	申	未	午	巳	辰
癸	甲壬	丁辛戊	辛	戊壬庚	乙丁己	己丁	庚戊丙	癸乙戊
食	正傷	七比正	比	正傷劫	偏七偏	偏七	劫正正	食偏正
神	財官	殺肩印	肩	印官財	財殺印	印殺	財印官	神財印

霆謙的八字

時柱：	日柱：	月柱：	年柱：
偏財		劫財	正官
丙	壬	癸	己
午	午	酉	巳
己丁	己丁	辛	庚戊丙
正正	正正	正	偏七偏
官財	官財	印	印殺財

86	76	66	56	46	36	26	16	6
比肩	正印	偏印	正官	七殺	正財	偏財	傷官	食神
壬	辛	庚	己	戊	丁	丙	乙	甲
午	巳	辰	卯	寅	丑	子	亥	戌
己丁	庚戊丙	癸乙戊	乙	戊丙甲	辛癸己	癸	甲壬	丁辛戊
正正	偏七偏	劫傷七	傷	七偏食	正劫正	劫	食比	正正七
官財	印殺財	財官殺	官	殺財神	印財官	財	神肩	財印殺

霆謙前女友琬鈺的八字

時柱：	日柱：	月柱：	年柱：
		偏印	正財
	甲	壬	己
	寅	申	巳
	戊丙甲	戊壬庚	庚戊丙
	偏食比	偏偏七	七偏食
	財神肩	財印殺	殺財神

86	76	66	56	46	36	26	16	6
正官	七殺	正財	偏財	傷官	食神	劫財	比肩	正印
辛	庚	己	戊	丁	丙	乙	甲	癸
巳	辰	卯	寅	丑	子	亥	戌	酉
庚戊丙	癸乙戊	乙	戊丙甲	辛癸己	癸	甲壬	丁辛戊	辛
七偏食	正劫偏	劫	偏食比	正正正	正	比偏	傷正偏	正
殺財神	印財財	財	財神肩	官印財	印	肩印	官官財	官

霆謙現任女友嵐菲的八字

結婚新人，就預言會離婚

在我大學的時候就認識娑妙，是一個很漂亮的女孩，也是自信開朗的女生，家庭環境也非常好，大學畢業以後，經由朋友介紹，認識暮皋，暮皋長得很高，身高超過一百八十公分，也有俊帥的臉蛋跟大方的個性，兩個人交往一年左右，準備邁入婚姻。

當他們結婚前，我也跟娑妙要了他們夫妻的八字，說是要給我自己學習一下。當時我看了他們的八字，內心就認為這對夫妻離婚的機率非常高。

過了一年，娑妙、暮皋生了一個孩子，再過兩年多，暮皋外遇了，兩人離婚，小孩目前跟娑妙一起住，兩人共同撫養小孩。

時柱：	日柱：	月柱：	年柱：
傷官		劫財	正官
丁	甲	乙	辛
卯	辰	未	酉
乙	癸乙戊	乙丁己	辛
劫財	正印劫財偏財	劫財傷官正財	正官

85	75	65	55	45	35	25	15	5
比肩	正印	偏印	正官	七殺	正財	偏財	傷官	食神
甲	癸	壬	辛	庚	己	戊	丁	丙
辰	卯	寅	丑	子	亥	戌	酉	申
癸乙戊	乙	戊丙甲	辛癸己	癸	甲壬	丁辛戊	辛	戊壬庚
正印劫財偏財	劫財	偏財食神比肩	正官正印正財	正印	比肩偏印	傷官正官偏財	正官	偏財偏印七殺

娑妙的八字

時	日	月	年
柱	柱	柱	柱
：	：	：	：
七		劫	正
殺		財	官
庚	甲	乙	辛
午	午	未	酉
己丁	己丁	乙丁己	辛
正傷	正傷	劫傷正	正
財官	財官	財官財	官

84	74	64	54	44	34	24	14	4
食	傷	偏	正	七	正	偏	正	比
神	官	財	財	殺	官	印	印	肩
丙	丁	戊	己	庚	辛	壬	癸	甲
戌	亥	子	丑	寅	卯	辰	巳	午
丁辛戊	甲壬	癸	辛癸己	戊丙甲	乙	癸乙戊	庚戊丙	己丁
傷正偏	比偏	正	正正正	偏食比	劫	正劫偏	七偏食	正傷
官官財	肩印	印	官印財	財神肩	財	印財財	殺財神	財官

暮皋的八字

離婚後的媽媽與夫家家人共同撫養小孩

我大學社團的朋友沒有結婚，但她跟姪子很親，姪子從小跟她住在一起，後來才知道原來是她的親哥哥跟嫂子離婚後，嫂子跟孩子住在家中，讓婆家人一起撫養長大，我有幸聽到這樣的故事，並且透過這位大學社團朋友拿到她哥跟嫂子的生日以及出生時間。

士軍、詠霓是高中就認識的朋友，彼此欣賞相愛，後來結婚生了兩個小孩，士軍的八字很特殊，非常的自我，沒辦法把別人的話聽進去，也是想要主導一切的八字，士軍得知詠霓懷了第二個小孩，就決定離婚，並且離開家裡，之後，除了每隔幾年探望自己的母親，跟母親要點錢之外，就再也沒有跟家裡的任何人聯繫。

詠霓離婚後，還是住在士軍的家裡，跟士軍的家人一起把兩個小孩撫養長大。由士軍的八字看來，個性比較強烈，自主意見非常強，比較不在意別人的想法，不會考慮到別人的感受；詠霓的八字顯示，個性也是非常的堅強，是不服輸的個性，兩個人相處起來，個性摩擦比較多，最終導致離婚分手。

時柱：	日柱：	月柱：	年柱：
比肩		七殺	七殺
庚	庚	丙	丙
辰	申	申	午
癸乙戊	戊壬庚	戊壬庚	己丁
傷正偏	偏食比	偏食比	正正
官財印	印神肩	印神肩	印官

84	74	64	54	44	34	24	14	4
正財	偏財	傷官	食神	劫財	比肩	正印	偏印	正官
乙	甲	癸	壬	辛	庚	己	戊	丁
巳	辰	卯	寅	丑	子	亥	戌	酉
庚戊丙	癸乙戊	乙	戊丙甲	辛癸己	癸	甲壬	丁辛戊	辛
比偏七	傷正偏	正	偏七偏	劫傷正	傷	偏食	正劫偏	劫
肩印殺	官財印	財	印殺財	財官印	官	財神	官財印	財

士軍的八字

時	日	月	年
柱	柱	柱	柱
：	：	：	：
偏		偏	偏
印		印	財
庚	壬	庚	丙
戌	子	子	午
丁辛戊	癸	癸	己丁
正正七	劫	劫	正正
財印殺	財	財	官財

85	75	65	55	45	35	25	15	5
正	比	劫	食	傷	偏	正	七	正
印	肩	財	神	官	財	財	殺	官
辛	壬	癸	甲	乙	丙	丁	戊	己
卯	辰	巳	午	未	申	酉	戌	亥
乙	癸乙戊	庚戊丙	己丁	乙丁己	戊壬庚	辛	丁辛戊	甲壬
傷	劫傷七	偏七偏	正正	傷正正	七比偏	正	正正七	食比
官	財官殺	印殺財	官財	官財官	殺肩印	印	財印殺	神肩

詠霓的八字

多金單身女子被我由八字發現曾結婚生子

有一個認識多年的朋友，副業是從事房地產的工作，在熟悉的城市找案件，當找到便宜低於市價的案子，便加以裝潢出售，這是高技術含量的專業，也需要合夥人一起從事，打群體戰。有一次，我這個好朋友找我幫忙，因而認識她的合夥人——茵茵，茵茵看起來大約四十歲上下，個性活潑開朗，感覺沒有家庭的負擔。大家在聊天的過程中，她知道我會看命理，我也驚訝她已經五十歲了，從外表都沒有留下歲月的痕跡，我也跟她留了聯絡方式，得知她單身、沒有小孩，我猜想她看起來這麼年輕，是因為沒有經過帶小孩的磨練。

茵茵對算命也很感興趣，想知道自己何時可以賺大錢、開好車、住好宅，也很期待地給我她的生日跟出生時間，我確認了茵茵的八字後，指出她應該結過婚，而且有小孩了；另外，茵茵的母親有時候說的話，會造成她心裡的困擾，茵茵非常驚訝，起初沒有正面回答我，我想是因為之前茵茵說過自己單身，並且一直問我何時可以發達，我還是先跟茵茵先確認我講的是否屬實，她說是的，她也追問我說是否知道她的孩子是男生或女生？我說：由八字沒辦法看出生男生女，因為生男生女主要是由陽宅風水來決定的。

茵茵最後回答我說：去算命多次，算命師都沒有說過她以往的婚姻，並且回覆我說神準，當然我也謝謝茵茵，分享人生的經歷給我。

時柱：	日柱：	月柱：	年柱：
正官		偏印	劫財
丁	庚	戊	辛
丑	寅	戌	亥
辛癸己	戊丙甲	丁辛戊	甲壬
劫傷正	偏七偏	正劫偏	偏食
財官印	印殺財	官財印	財神

84	74	64	54	44	34	24	14	4
正官	七殺	正財	偏財	傷官	食神	劫財	比肩	正印
丁	丙	乙	甲	癸	壬	辛	庚	己
未	午	巳	辰	卯	寅	丑	子	亥
乙丁己	己丁	庚戊丙	癸乙戊	乙	戊丙甲	辛癸己	癸	甲壬
正正正	正正	比偏七	傷正偏	正	偏七偏	劫傷正	傷	偏食
財官印	印官	肩印殺	官財印	財	印殺財	財官印	官	財神

精準預測四十多歲的情侶提親結婚時間

薔瑰是在網路上找到我的客人，薔瑰在通訊軟體裡告訴我：想要結婚，但都沒有遇到對象，到現在也四十多歲了，最近剛遇到一個對象，是以前的同學，想要問我有沒有機會邁入人生的下一個階段？

我先問薔瑰的八字，看了八字之後，我回覆薔瑰：從您的八字看起來是容易結婚，是否可以給我男生的生日還有出生時間？當然還沒有那麼熟，就先給對方生日即可，因為也擔心問出生時間有點奇怪，會讓對方多想。

男生叫威傑，從威傑的八字看起來，也沒有可以結婚的大運，但巧合的是，由兩位的流年看來，在辛丑年對兩位結婚的時機點剛好。於是我就跟薔瑰說了：您的男友威傑可以在當年的國曆九月七日到十月七日，這一個月是很好的時間點，雙方可以談起是否要步入婚姻的下一步，農曆年的時候可以進行提親的儀式，隔一年便是辛丑年結婚。果然兩位在交往不到一年的時間確認彼此的關係，在隔一年的辛丑年順利結婚。

時柱	日柱	月柱	年柱
：	：	：	：
食		正	正
神		官	印
癸	辛	丙	戊
巳	丑	辰	午
庚戊丙	辛癸己	癸乙戊	己丁
劫正正	比食偏	食偏正	偏七
財印官	肩神印	神財印	印殺

82	72	62	52	42	32	22	12	2
七	正	偏	劫	比	傷	食	正	偏
殺	印	印	財	肩	官	神	財	財
丁	戊	己	庚	辛	壬	癸	甲	乙
未	申	酉	戌	亥	子	丑	寅	卯
乙丁己	戊壬庚	辛	丁辛戊	甲壬	癸	辛癸己	戊丙甲	乙
偏七偏	正傷劫	比	七比正	正傷	食	比食偏	正正正	偏
財殺印	印官財	肩	殺肩印	財官	神	肩神印	印官財	財

女生薔瑰的八字

時柱：	日柱：	月柱：	年柱：
		正印	正財
	癸	庚	丙
	丑	子	辰
	辛 偏印 癸 比肩 己 七殺	癸 比肩	癸 比肩 乙 食神 戊 正官

84	74	64	54	44	34	24	14	4
七殺	正官	偏財	正財	食神	傷官	比肩	劫財	偏印
己	戊	丁	丙	乙	甲	癸	壬	辛
酉	申	未	午	巳	辰	卯	寅	丑
辛 偏印	戊 正官 壬 劫財 庚 正印	乙 食神 丁 偏財 己 七殺	己 七殺 丁 偏財	庚 正印 戊 正官 丙 正財	癸 比肩 乙 食神 戊 正官	乙 食神	戊 正官 丙 正財 甲 傷官	辛 偏印 癸 比肩 己 七殺

男友威傑的八字

自身不容易懷孕，先生得憂鬱症的高材生

碧璦是一個高學歷畢業的女生，念的是國立前幾名的大學跟研究所，碩士畢業後，在知名的企業上班，經由朋友介紹找到我。我看了一下八字，發現她有流產的可能性。碧璦回覆我說：沒有流產，但是很難懷孕，結婚好幾年才懷孕生了一個女兒，後來想要再生一個，都生不出來了，年紀也四十歲了，所以目前也不考慮再生一個孩子。碧璦後來跟我說：其實是先生有憂鬱症，所以想要確認八字是否會造成影響？我回答：先生憂鬱症的部分，可能是先生的八字或是家裡的陽宅風水造成的，我看了先生的八字，發現應該沒有問題，所以就找時間到碧璦家確認陽宅風水的部分。

過了幾天，到了碧璦家，家裡窗明几淨，剛好先生、孩子都在，碧璦藉口讓先生帶孩子到公園走走，也避免小孩吵到勘宅的過程。我發現是瓦斯爐的位置不對，也告訴碧璦需要移動一下瓦斯爐的位置。過了快一年，恰巧在路上遇到碧璦。她說謝謝老師，她先生改善很多，本來請假在家，目前可以去公司上班了，全家人回歸比較正常的生活。

時	日	月	年
柱	柱	柱	柱
：	：	：	：
食		劫	正
神		財	財
丙	甲	乙	己
寅	申	亥	未
戊丙甲	戊壬庚	甲壬	乙丁己
偏食比	偏偏七	比偏	劫傷正
財神肩	財印殺	肩印	財官財

89	79	69	59	49	39	29	19	9
比	正	偏	正	七	正	偏	傷	食
肩	印	印	官	殺	財	財	官	神
甲	癸	壬	辛	庚	己	戊	丁	丙
申	未	午	巳	辰	卯	寅	丑	子
戊壬庚	乙丁己	己丁	庚戊丙	癸乙戊	乙	戊丙甲	辛癸己	癸
偏偏七	劫傷正	正傷	七偏食	正劫偏	劫	偏食比	正正正	正
財印殺	財官財	財官	殺財神	印財財	財	財神肩	官印財	印

辛苦人生，獨自賺錢扶養小孩，先生藥物上癮又外遇

娣儀是辛苦的人，十五、六歲就認識現在的先生，名叫立鋥，十九歲懷孕，奉子成婚之後，又陸續生下一女一子，總共生了三個孩子，後來先生立鋥有藥物上癮的狀況，並且有了外遇，娣儀只好在外面找工作上班。

她透過網路找到我，想要知道是否可以開一家小吃店，我也老實回答娣儀：以您目前的狀況，對於資金應該是有困難的，加上對金錢的管理也比較弱，手邊的錢財不容易留住，通常存了一點錢就會有事情需要花掉，所以很難自己創業，開一家小吃店，還是好好上班會比較好，老闆也喜歡她這樣的員工。

幾年過後，剛好她又有事情請教我，我順便問娣儀：是否有把小吃店開起來？她回答我說：還是在一樣的地方上班，因為手上的金錢實在難以把店開起來而作罷。

時柱：	日柱：	月柱：	年柱：
偏印		正印	正官
戊	庚	己	丁
子	午	酉	巳
癸	己丁	辛	庚戊丙
傷	正正	劫	比偏七
官	印官	財	肩印殺

89	79	69	59	49	39	29	19	9
偏印	正官	七殺	正財	偏財	傷官	食神	劫財	比肩
戊	丁	丙	乙	甲	癸	壬	辛	庚
午	巳	辰	卯	寅	丑	子	亥	戌
己丁	庚戊丙	癸乙戊	乙	戊丙甲	辛癸己	癸	甲壬	丁辛戊
正正	比偏七	傷正偏	正	偏七偏	劫傷正	傷	偏食	正劫偏
印官	肩印殺	官財印	財	印殺財	財官印	官	財神	官財印

娣儀的八字

時柱：	日柱：	月柱：	年柱：
正官		比肩	偏財
甲	己	己	癸
戌	未	未	丑
丁辛戊	乙丁己	乙丁己	辛癸己
偏食劫	七偏比	七偏比	食偏比
印神財	殺印肩	殺印肩	神財肩

86	76	66	56	46	36	26	16	6
傷官	食神	正財	偏財	正官	七殺	正印	偏印	劫財
庚	辛	壬	癸	甲	乙	丙	丁	戊
戌	亥	子	丑	寅	卯	辰	巳	午
丁辛戊	甲壬	癸	辛癸己	戊丙甲	乙	癸乙戊	庚戊丙	己丁
偏食劫	正正	偏	食偏比	劫正正	七	偏七劫	傷劫正	比偏
印神財	官財	財	神財肩	財印官	殺	財殺財	官財印	肩印

立鋥的八字

第五章

八字命理基礎

陰陽五行

宇宙萬物可以根據一切本性分為陰陽，《易經》說：「無極生太極，太極生兩儀。」兩儀即為陰陽，宇宙原本混沌，大爆炸之後產生了天地，陰陽可以譬如白天為陽、晚上為陰。歸類為陽的面向，具有積極向上、熱情外放、向外伸展、開朗樂觀、生機蓬勃、欣欣向陽；歸類為陰的面向，具有陰柔微弱、內斂收縮、內向消極、溫柔委婉、安靜穩定。大部分的事物，也都具有陰陽的雙重性，譬如：地球同時有一半的白天與一半的黑夜；人的個性有光明面，也有陰暗面；在大太陽下也有陰影；太陽可以說是純陽，但也有黑子的存在；太空的黑洞可以說是純陰，但也有光的存在。

以下表格為陰陽可以顯示萬物的例子。

陰	月亮	夜	柔	軟	少	小	冷	惡	母	女	負
陽	太陽	晝	剛	硬	多	大	熱	善	公	男	正

在宇宙中，五行作為五種不同性質的代表，具有五種不同的特徵，在宇宙天地代表萬物瞬息萬變、環環相扣、生生不息。在往後的內容會針對陰陽五行多加敘述。

木可以表示萬物處於生發狀態，陰氣漸退，陽氣漸進，有溫暖和緩、向上延伸之意，陰屬柔和韌性，陽屬高強堅韌。

火可以表示萬物處於茂盛狀態，陽氣漸盛，陽極陰生，陽到了極致，陰就開始產生，有炎熱向上、迅速快速、光明普及之意，陽屬燥熱旺盛，陰屬柔和溫暖。

土可以表示萬物處於化育狀態，陰陽協調，有安靜順從、溫和固執、涵養包容之意，陽屬沉穩固重，陰屬溫和涵養。

金可以表示萬物處於凋敝狀態，陰氣漸進，陽氣漸退，有肅殺蕭條、剛勁堅脆之意，陰屬柔麗尖銳，陽屬厚粗剛銳。

水可以表示萬物處於收藏狀態，陰氣漸盛，陰極陽生，有向下流動、隨意變動之意，陽屬廣大深沉，陰屬柔順綿延。

天干地支

天干地支是中國五術的基礎，五行金、木、水、火、土則是五術的元素，就像是數學一定要知道一、二、三、四等阿拉伯數字，阿拉伯數字就是數學的元素，數學的基礎就是加、減、乘、除，加、減、乘、除的定義要非常清楚，譬如 1+1=2，雖然一加一在大自然的世界不一定是二，但是在數學的領域就一定是二，想要了解中國五術領域，就要先把天干地支跟陰陽五行、春夏秋冬四季、東西南北的相關定義確認清楚。

五行木：春季旺盛、代表正東方位、天干為「甲乙」、地支為「寅卯辰」。

五行火：夏季旺盛、代表正南方位、天干為「丙丁」、地支為「巳午未」。

五行金：秋季旺盛、代表正西方位、天干為「庚辛」、地支為「申酉戌」。

五行水：冬季旺盛、代表正北方位、天干為「壬癸」、地支為「亥子丑」。

五行土：在立春、立夏、立秋、立冬前約十八天旺盛、代表正中央方位、天干為「戊己」、地支為「辰戌丑未」。

五行	陰陽	天干	地支
木	陽	甲	寅
木	陰	乙	卯
火	陽	丙	午
火	陰	丁	巳
土	陽	戊	辰戌
土	陰	己	丑未
金	陽	庚	申
金	陰	辛	酉
水	陽	壬	子
水	陰	癸	亥

氣候季節與五行旺、相、休、囚、死的關係

既然已經知道，五行具有陰陽，表示可以知道強弱之分，在八字命理中，很重要的是要知道五行的強弱，也就是在每一個命盤裡面，要判斷出這個命盤是哪一個五行比較強，哪一個五行比較弱，於是就有旺、相、休、囚、死來判斷強弱。

旺，是處於最旺盛狀態；相，是處於次於最旺狀態，被最旺盛五行所生；休，是處於止息、

休息狀態，生了最旺盛的五行；囚，是處於被囚禁狀態，剋最旺盛的五行；死，是被於最旺盛五行剋之，而生氣全無之態。

由月分來看五行的旺、相、休、囚、死。

寅卯月：春季——木旺、火相、水休、金囚、土死。

巳午月：夏季——火旺、土相、木休、水囚、金死。

申酉月；秋季——金旺、水相、土休、火囚、木死。

亥子月：冬季——水旺、木相、金休、土囚、火死。

丑辰未戌月：土旺、金相、火休、木囚、水死。

由旺、相、休、囚、死，來看天干對應的季節。

	旺	相	休	囚	死
春月	甲乙	丙丁	壬癸	庚辛	戊己
夏月	丙丁	戊己	甲乙	壬癸	庚辛
秋月	庚辛	壬癸	戊己	丙丁	甲乙
冬月	壬癸	甲乙	庚辛	戊己	丙丁
土月	戊己	庚辛	丙丁	甲乙	壬癸

以上大致了解旺、相、休、囚、死，以下針對天干地支所指的五行，可以轉換為大地之物，可以對天干地支的性質，更有另一層的體會。

一、**天干：**

甲為陽木，森林之木，通天大樹，乙為陰木，花卉之木，藤蔓小草。

而丙為陽火，炙熱太陽，太陽之火，丁為陰火，蠟燭之火，燈盞之火。

戊為陽土，城垣堤岸，大地之土，深層硬土，而己為陰土，軟土濕土，肥沃土地，可耕之土。

庚為陽金，斧鉞之金，刀斧金屬，辛為陰金，首飾之金，珠寶玉石，金屬小刀。

壬為陽水，大海之水，江洋大水，江河湖海，癸為陰水，雨露之水，涓涓細流，川流源頭。

二、**地支：**

亥的本氣是壬水，子的本氣是癸水，丑的本氣則是己土，寅的本氣是甲木，卯的本氣是乙木，辰的本氣是戊土，巳的本氣是丙火，而午的本氣是丁火，未的本氣是己土，申的本氣是庚金，酉的本氣是辛金，戌的本氣是戊土。

五行生、剋、制、化

一、**水生木，木生火，火生土，土生金，金生水，生生不息。**

水可以解釋為雨水、河水、飲用水、海水，天降甘霖來生大地之木、森林；這些木頭乾了，可以被點燃變成火；火燃燒完東西之後，會變成灰燼，久了後會變成土壤；在土壤裡面可以發現金屬礦物。

如何解釋金生水呢？

在古時候沒有青銅器以前，金可以代表石頭，所以有「精誠所至，金石為開」，石頭由土來，水可從地下取井而出；有些則說很多金屬礦物之地，開採的礦坑內有非常多的水會湧出，以上的解釋，有些人說還是難以理解。在先天八卦中，乾卦為天屬金，由天生水，天降水，水從天上來，為自然降雨的現象。

二、火剋金，金剋木，木剋土，土剋水，水剋火。

用火來鍛鍊金屬，可以讓金屬變成可用之器具，譬如：刀、鼎、汽車鋼板等。金屬會被火改變其形狀，所以火剋金。

金屬被鑄造成斧頭、五金器具，來砍木頭，讓木頭變成桌椅、書櫃、衣櫃等家具。木頭會被金屬做成有用之物，所以金剋木。

樹木生長，需要土的營養，並且會把土緊緊抓牢，讓土壤為樹木植物所用。無論再怎麼堅硬的土壤，都會被植物的根突破，慢慢的會裂開，並且被吸取養分，所以木剋土。

兵來將擋，水來土掩，大的土可以讓水流改變方向，也可以把水源擋住變成水庫，在海上也是用水泥做成港口，水泥也可以視為一種土，所以土剋水。

三、**制可以說是剋的一種**。

單就制的意思，有制服、制止、管制、壓制、限制，以陰制陽，更會貼切一些，譬如：陰金制陽木，陰金可以解釋為小刀，小刀對於很大的樹木，頂多就是在上面刻字，無法進行砍伐，所以為陰金制陽木；陰陰相剋、陽陽相剋，衝擊皆會比較大，如同男生跟男生打架、女生跟女生打架，一定是卯足了力氣猛烈攻擊；但是陰陽相制，如同男女在打架，會比較有節制，力氣比較不會使上全力，此為制的意思，有點克制、節制的意思。

四、**天干地支的合化有一定的條件規則，才會合化**。

如同化學反應一樣，需要有一定的條件，譬如：一定的催化劑、一定的濕度與溫度、一定的元素等，才會有化學反應，天干地支合化的首要條件：合化的天干地支兩者必定緊緊相鄰。

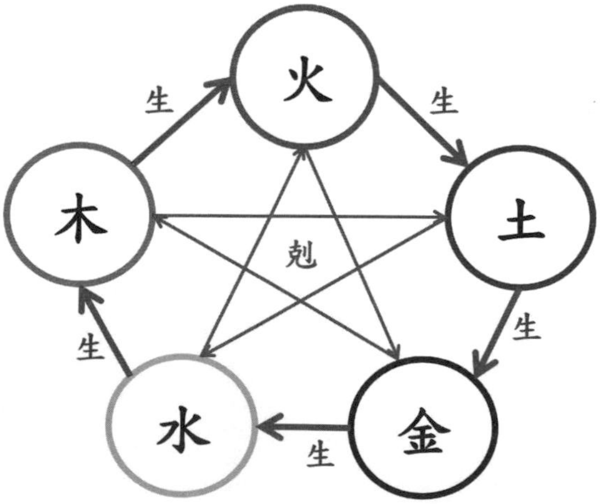

（一）天干五合的合化來說，關鍵是月柱地支，是跟季節會有關係，在八字命理的用法，會在後面化氣格有詳細的說明，在這大致上會說明如何使用。

1.甲己合，在辰、戌、丑、未月，甲己可以合化為土，如果條件不夠充足，只能合而不化，甲木本性質還在，不會改變成土。

2.乙庚合，在申、酉月，乙庚可以合化為金，如果條件不夠充足，只能合而不化，乙木本性質還在，不會改變成金。

3.丙辛合，在亥、子月，丙辛可以合化為水，如果條件不夠充足，只能合而不化，丙火、辛金兩者本質還在，不會改變成水。

4.丁壬合，在寅、卯月，丁壬可以合化為木，如果條件不夠充足，只能合而不化，丁火、壬水兩者本質還在，不會改變成木。

5.戊癸合，在巳、午月，戊癸可以合化為火，如果條件不夠充足，只能合而不化，戊土、癸水兩者本質還在，不會改變成木。

（二）地支六合

1.寅亥合木，寅藏天干甲、丙、戊；亥藏天干壬、甲；寅的本氣是甲木，亥的本氣是壬水，水生木，加上亥中有甲木，在八字中寅亥比較容易合為木。

2.辰酉合金，辰藏天干戊、乙、癸；酉藏天干辛金；辰的本氣是戊土，酉的本氣是辛金，土生金，在八字中酉辰容易合化金，又稱暗合，象徵事情私下進行沒有公開，如同地下戀情。

3.午未合土，午藏天干丁、己；未藏天干己、丁、乙；午的本氣是丁，未的本氣是己；火生土，在八字中午未容易合為土，氣勢純粹，有公開光明正大之意。

4.卯戌合火，卯藏天干乙，戌藏天干戊、丁、辛；卯的本氣是乙木，戌的本氣是戊；陰木制陽土，卯戌合火是因為戌藏天干丁，戌也是夏季的乾燥的土，也是火庫（寅午戌）。在男女關係，進展較為快速，理智比較少。

5.巳申合水，巳藏天干丙、戊、庚；申藏天干庚、壬、戊；巳的本氣是火，申的本氣是金；火剋金，在八字中巳申不容易合為水，要以整體八字確認是否有合化為水，這樣的合可舉例為：一對愛吵架的夫妻，分開了又非常想念對方，在一起又容易鬧矛盾。

6.子丑合土，子藏天干癸水，丑藏天干己、辛、癸；子的本氣是癸水，丑的本氣是己土；陰土剋癸水，在八字裡面不容易合為土，要以整體八字確認是否有合化為土，此狀態有點像濕的泥巴與小水溝一起，沒有人波動，就會很清澈，有動物或是有人波動就會變濁了，有好壞參半、勉強湊合的意思。

天干地支沖合與手掌訣

一、天干沖

甲庚沖，甲為陽木在東方，庚為陽金在西方，陽金剋陽木。

乙辛沖，乙為陰木在東方，辛為陰金在西方，陰金克陰木。

丙壬沖，丙為陽火在南方，壬為陽水在北方，陽水剋陽火。

丁癸沖，丁為陰火在南方，癸為陰水在北方，陰水剋陰火。

以上五行相剋，東西南北相對，所以沖，因此丙庚、丁辛、甲戊、乙丑、戊壬、己癸，是沒有相沖的關係，只有相剋的關係。

二、地支沖

子午沖，子為陰水在北方，午為陰火在南方，陰水剋陰火。

丑未沖，丑為陰土在北方，未為陰土在南方，土庫沖。

寅申沖，寅為陽木在東方，申為陽金在西方，陽金剋陽木。

卯酉沖，卯為陰木在東方，酉為陰金在西方，陰金剋陰木。

辰戌沖，辰為陽土在北方，戌為陽土在南方，土庫沖。

巳亥沖，亥為陽水在北方，巳為陽火在南方，陽水剋陽火。

十二地支排成一圈，恰好相對的位置，也是相差一百八十度，就是地支相沖。

三、天干地支沖合手掌訣

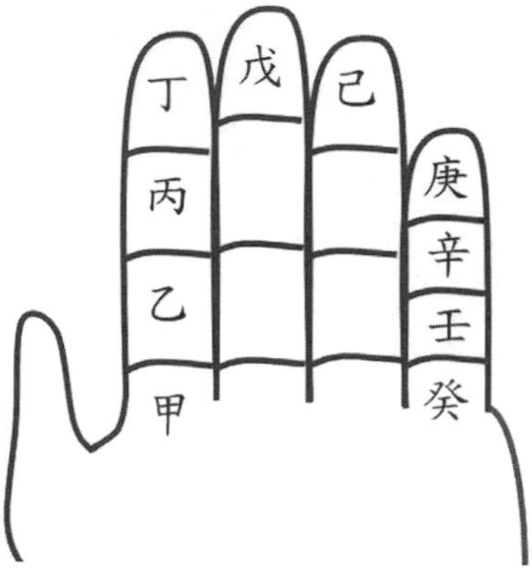

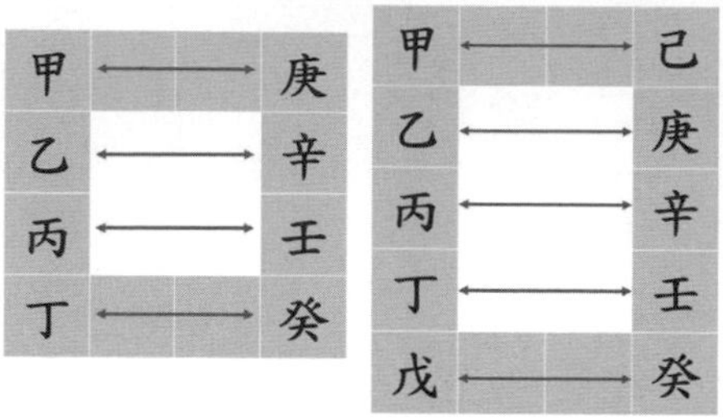

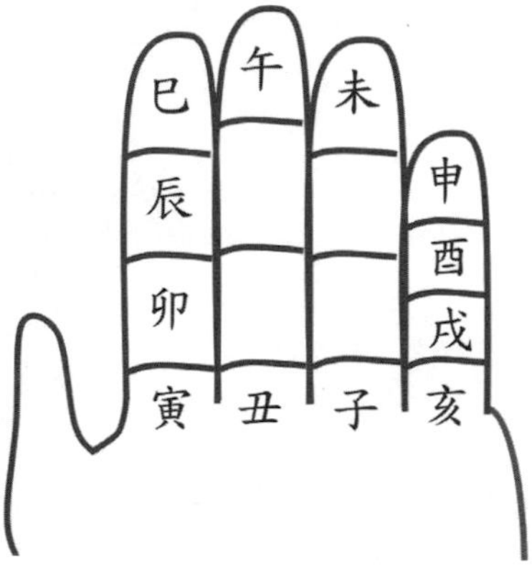

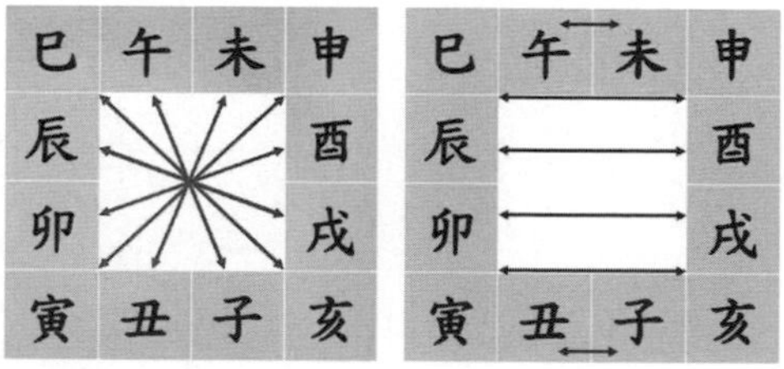

地支合會與手掌訣

一、地支三會。

三個相連的地支稱為三會，亥子丑在北方三會水局；寅卯辰在東方三會木局，巳午未在南方三會火局，申酉戌三會金局。三會的力量比三合還大，主要是方位跟季節都是一樣的，在旺、相、休、囚、死屬於旺的格局，如果只有兩個字不能當三會論。

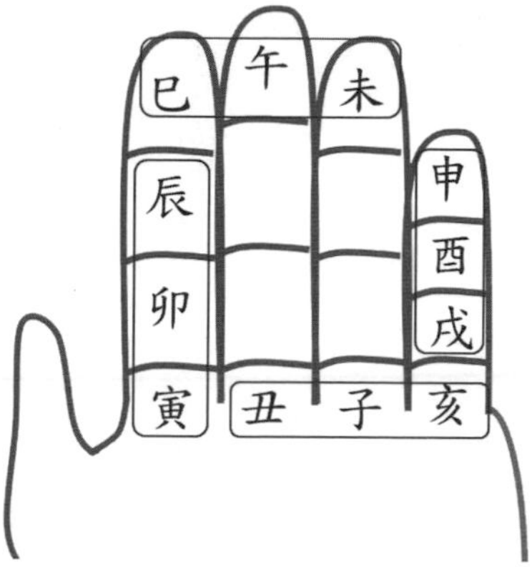

二、地支三合，是由十二長生中的「生、旺、墓」三者而成。

申子辰（猴鼠龍）——合水，水長生於申，旺於子，墓於辰。申子、子辰為半合水。

巳酉丑（蛇雞牛）——合金，金長生於巳，旺於酉，墓於丑。巳酉、酉丑為半合金。

寅午戌（虎馬狗）——合火，火長生於寅，旺於午，墓於戌。寅午、午戌為半合火。

亥卯未（豬兔羊）——合木，木長生於亥，旺於卯，墓於未。亥卯、卯未為半合木。

三、**地支六合在前面章節有說明過，力量的大小，三會大於三合大於半合大於六合。**

地支桃花、驛馬、四庫

一、**桃花——子午卯酉**

沐浴為桃花，木桃花為子；金的桃花為午；木火的桃花為卯；水的桃花為酉。

桃花表示人緣、異性緣，八字內有桃花，有藝術特長、愛美、重視外表，桃花過多，藝術家特質，容易想得太過完美，理想化。

二、**驛馬——寅申巳亥**

驛馬表示衝勁，有驛馬喜歡動，不喜歡拘束，驛馬沖更適合動，譬如：外勤工作；驛馬合，需要被鞭策或是規劃適合的道路。

三、**庫——辰戌丑未**

有庫容易存財；兩庫相沖，開銷較大；庫太多，人較好相處，四海皆兄弟，開銷大。

十二長生與手掌訣

一、十二長生

「長生」的階段是嬰兒出生了，然後開始人的一生。

「沐浴」的階段是嬰兒出生要洗去髒污，父母要幫孩子洗澡的階段。

「冠戴」的階段是從可以開始自己穿衣服、戴帽子的年紀到青少年。

「臨官」的階段，就是可以考試的階段，考試過了可以當官，古時候考試是沒有年齡限制，不過大多十二到十六歲開始考試，現在也可以轉換為十六到三十五歲，開始工作，接觸社會，慢慢熟悉社會文化、職場文化、官場文化。

「帝旺」的階段是當官的最高峰，也可以說是工作時期的最高峰，目前大約是三十五到五十五歲左右，此時也是物極必反的時候，就會開始往下走。

「衰」的階段，人生開始走下坡，不管是體力、智力、心力。

「病」的階段，身體開始有小毛病，先有慢性病，之後生大病。

「死」的階段，是人生必經的路程，身體機能一切停止。

「墓」的階段，是屍體放入棺木中，然後葬入墳墓，現代比較少有這樣的階段了，因為直接火化居多。

「絕」的階段，是屍體放入土中開始腐化到沒有，現在則是直接火化居多，然後再來又是胎的階段。

「胎」的階段是母親的子宮裡受孕懷胎。

「養」的階段是母親供給營養給胎兒，讓胎兒長大。

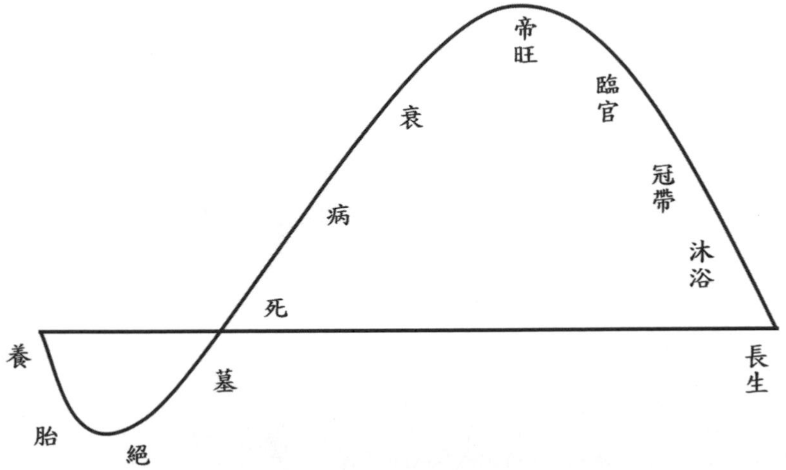

二、手掌訣

十二長生是代表人的一生，從出生到死亡，甚至到來世，生長在地球的萬物，也都一樣要經過十二長生，天干是地球萬物的代表，所以每一個天干都有十二長生，對應到地支的位置；陽死陰生，陰死陽生；陽順陰逆。譬如：甲長生在亥，由陽順陰逆搭配手掌訣，知道甲死在午，乙就生在午，乙死在亥；在上圖中，為甲的十二長生手掌訣；下圖為乙的十二長生手掌訣。

甲的長生在亥，甲祿在寅；乙的長生在午，乙祿在卯。

丙戊的長生在寅，丙戊祿在巳；丁己的長生在酉，丁己祿在午。

庚長的生在巳，庚祿在申；辛的長生在子，辛祿在酉。

壬的長生在申，壬祿在亥；癸的長生在卯，癸祿在子。

上圖

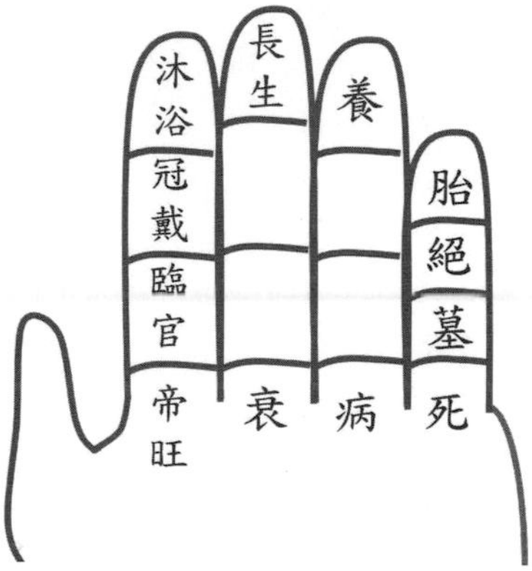

下圖

三、十二長生查表法（對照即可）

以日干去對應四柱年、月、日、時，即可得十二長生。

天干	長生	沐浴	冠帶	臨官	帝旺	衰	病	死	墓	絕	胎	養
甲	亥	子	丑	寅	卯	辰	巳	午	未	申	酉	戌
乙	午	巳	辰	卯	寅	丑	子	亥	戌	酉	申	未
丙	寅	卯	辰	巳	午	未	申	酉	戌	亥	子	丑
丁	酉	申	未	午	巳	辰	卯	寅	丑	子	亥	戌
戊	寅	卯	辰	巳	午	未	申	酉	戌	亥	子	丑
己	酉	申	未	午	巳	辰	卯	寅	丑	子	亥	戌
庚	巳	午	未	申	酉	戌	亥	子	丑	寅	卯	辰
辛	子	亥	戌	酉	申	未	午	巳	辰	卯	寅	丑
壬	申	酉	戌	亥	子	丑	寅	卯	辰	巳	午	未
癸	卯	寅	丑	子	亥	戌	酉	申	未	午	巳	辰

十二長生在命局上之論法

長生：在四柱上的個別現象。

長生在年柱：在小時候能受父母關愛保護，少年時才華洋溢。

長生在月柱：青年時期易得老師欣賞、長官提拔，如有事業也可以掌握先機，容易成功。

長生在日柱：事業成功，享有戰功，平步青雲。夫妻也很恩愛，掌握幸福。

長生在時柱：晚運平順，子女成龍成鳳，聰穎健康。

沐浴：在四柱上的個別現象。

沐浴在年柱：幼年或少年運勢依靠父母的時期變化較多，父母感情也有較多的變化，有機會離鄉打拚、賺取家用。

沐浴在月柱：青春期學業起起伏伏，不是很穩定，家庭狀況較不安定，會有較多的變動，與兄弟姊妹相處不和諧。

沐浴在日柱：夫妻感情有較多變化，配偶異性緣多，四周桃花的機會多。

沐浴在時柱：晚年生活較不安穩，有可能常遷移搬家，子女大多不住在身邊。

冠帶：在四柱上的個別現象。

冠帶在年柱：年少春風得意，各方面皆能得心應手，聰穎活潑，能得父母、長輩喜愛，有成名的機會。

冠帶在月柱：青年期，學業一帆風順，如果有事業可獲發展，工作很容易上手。

冠帶在日柱：積極進取，有耐性，有攻略，做事有始有終，中年後事業飛黃騰達，容易有名望與聲譽。

冠帶在時柱：晚運得意，老運亨通，子女有成，各方面順利。

臨官：在四柱上的個別現象。

臨官在年柱：出身富裕之家，家中事業亨通，不為錢煩惱。

臨官在月柱：做人處事，能獨立自主，也可以受到家族事業的庇護，壯年左右也可以白手起家，自行創業。

臨官在日柱：可承家業或繼承他人事業，當然也可以自行創業，事業亨通，財源廣進。

臨官在時柱：晚年可享豐碩生活，事業財運皆順利。

帝旺：在四柱上的個別現象。

帝旺在年柱：一般家境尚可，家族有支持的力量，內心充滿雄心壯志。

帝旺在月柱：本身自尊心較強，不喜歡受人差遣、支使，讓人感覺有骨氣，有個性。

帝旺在日柱：個性直來直往，勇往直前，講話做事不拖泥帶水，是一個不懦弱悲觀的人。

帝旺在時柱：意志堅強，做事果決，做事積極向上。

衰：在四柱上的個別現象。

衰在年柱：出生時家庭環境不佳，年幼時生活艱辛，身體比較虛弱。

衰在月柱：青年期運勢不佳，學習阻礙，容易受同儕打擊或挫折。

衰在日柱：婚姻運勢較弱，異性緣較差，成家後婚姻常常面臨問題。

衰在時柱：年老身體衰弱，比較容易生病，晚年運勢較差。

病：在四柱上的個別現象。

病在年柱：父母健康不佳，自身容易體弱多病，常去看醫生。

病在月柱：內心比較消極悲觀，怨天尤人，不思奮鬥進取，學習力道不強。

病在日柱：配偶身體健康不佳，夫妻溝通有阻礙，事業不太順利。

病在時柱：晚年工作或事業多波折，精神方面比較虛弱。

死：在四柱上的個別現象。

死在年柱：家庭生活較困頓，小時候性格消極，對任何事情比較沒有興趣。
死在月柱：學生時期運勢低落，跟同學、朋友比較沒有交集，不善社交。
死在日柱：婚姻關係慢慢冷淡，彼此沒有共識，事業方面難以突破。
死在時柱：晚年多不順，事業運勢阻礙不前。

墓：在四柱上的個別現象。

墓在年柱：家庭經濟堪憂，幼年時家庭較貧困。
墓在月柱：為人節儉吝嗇、不大方，會存錢財，不知運用。
墓在日柱：工作事業較辛苦，升遷不順，生活吝嗇節儉。
墓在時柱：子嗣可能較少，思想比較老派，不知變通，晚年有些錢財可以過日。

絕：在四柱上的個別現象。

絕在年柱：家裡沒有事業可以繼承，能自立創業，個性比較急躁。

絕在月柱：不善於社交，獨來獨往，一生多變動。
絕在日柱：夫妻容易意見不和，可能離異或分隔兩地，花俏風流，衝動急躁。
絕在時柱：與子女相處不佳，過於自我中心，家庭不易和諧。

胎：在四柱上的個別現象。
胎在年柱：小時候家庭經濟各方面較不穩定，性格活潑，較天真、無主見。
胎在月柱：青年期性情起伏不定，課業成績也不穩定，打工店家也經常變換。
胎在日柱：能言善道，易搬弄是非，事業不穩定。
胎在時柱：老年期間，住所容易遷移，不定居所。

養：在四柱上的個別現象。
養在年柱：一生中易受原生家庭薰陶培養，雙親緣濃厚。
養在月柱：學業方面，平順，善與人交往，人際關係不差。
養在日柱：事業運勢緩步進行，婚姻尚可。
養在時柱：事業尚可，子女容易在身邊。

以上十二長生在年、月、日、時的用法，限於參考，給讀者一個觀念，就是在年的部分大多指原生家庭，或是長輩、爺爺、奶奶，也有些人甚至會指祖先；月的部分，對於日主就是指出生到青少年時期，就是指原生家庭、父母，對於日主就是指青少年時期到出社會前，日主就是指自己跟配偶，時間上可以說是出社會到青壯年時期；時柱是可以看事業，也可以看子女的部分，對於日主就是壯年期到退休後。

年柱＝祖父母／父母／家庭、（零歲到十二歲前）

月柱＝父母、（十二歲到二十五歲）

日柱＝自己、（二十五歲到六十歲）

日干＝日主＝自己本身

日支＝配偶

時柱＝事業、子女、（六十歲到八十歲）

六十甲子與六十納音五行手掌訣

甲子	乙丑	丙寅	丁卯	戊辰	己巳	庚午	辛未	壬申	癸酉
甲戌	乙亥	丙子	丁丑	戊寅	己卯	庚辰	辛巳	壬午	癸未
甲申	乙酉	丙戌	丁亥	戊子	己丑	庚寅	辛卯	壬辰	癸巳
甲午	乙未	丙申	丁酉	戊戌	己亥	庚子	辛丑	壬寅	癸卯
甲辰	乙巳	丙午	丁未	戊申	己酉	庚戌	辛亥	壬子	癸丑
甲寅	乙卯	丙辰	丁巳	戊午	己未	庚申	辛酉	壬戌	癸亥

一、天干是甲、乙、丙……癸，有十個；地支是子、丑、寅……亥，有十二個

天干地支互相組合為一百二十組，但是天干地支的組合必須是陽陽搭配或是陰陰搭配，所以一百二十除以二，總共是六十組，形成六十甲子。六十這個數字的循環，在時間上也是用此循環，六十秒是一分鐘，六十分是一小時。

傳說六十甲子是四、五千年前，黃帝時期由古軒轅時期的大撓氏所創立的曆法，唐朝張守節在《史記正義》提到「黃帝受神筴，命大撓造甲子」。《淵海子平卷二》中提到「夫甲子者，始成於大撓氏，而納音成之於鬼谷子」，鬼谷子是春秋戰國時代的人，所以是先有六十甲子，後有六十納音，納音就是跟「音」有關，根據古代的五音：宮、商、角、徵、羽，推演而出，民國徐樂吾在《子平粹言》也有解釋：「納音者，宮商角徵羽五音，與氣化相感應也」。

五音各代表五行、數字如下，宮屬土，數一；徵屬火，數三；羽屬水，數五；商屬金，數七；角屬木，數九，由此可以推出六十納音的五行，由於過於複雜，在本書就不進行推導。

二、六十甲子歌訣

甲子乙丑海中金，丙寅丁卯爐中火，戊辰己巳大林木，庚午辛未路旁土，壬申癸酉劍鋒金，

甲戌乙亥山頭火，丙子丁丑澗下水，戊寅己卯城頭土，庚辰辛巳白臘金，壬午癸未楊柳木，

甲申乙酉井泉水，丙戌丁亥屋上土，戊子己丑霹靂火，庚寅辛卯松柏木，壬辰癸巳長流水，

甲午乙未沙中金，丙申丁酉山下火，戊戌己亥平地木，庚子辛丑壁上土，壬寅癸卯金箔金，

甲辰乙巳佛燈火，丙午丁未天河水，戊申己酉大驛土，庚戌辛亥釵釧金，壬子癸丑桑柘木，

甲寅乙卯大溪水，丙辰丁巳沙中土，戊午己未天上火，庚申辛酉石榴木，壬戌癸亥大海水。

三、六十納音五行手掌訣

干位起子丑；順三須歸宗；地支止落處；金木水火土。

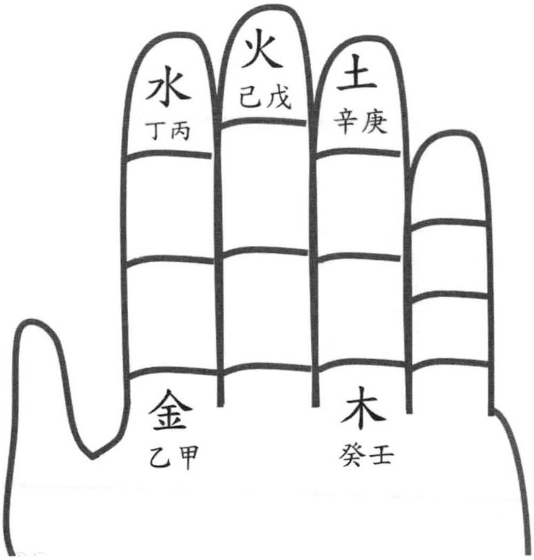

支藏干

每個月裡面都有值星官掌管不同天數，分為餘氣、中氣、正氣；正氣也稱為本氣。

寅月：陽戊土掌管七天，陽丙火掌管七天，陽甲木掌管十六天；

卯月：陽甲木掌管十天，陰乙木掌管二十天；

辰月：陰乙木掌管九天，陰癸水掌管三天，陽戊土掌管十八天；

巳月：陽戊土掌管五天，陽庚金掌管九天，陽丙火掌管十六天；

午月：陽丙火掌管十一天，陰己土掌管九天，陰丁火掌管十天；

未月：陰丁火掌管九天，陰乙木掌管三天，陰己土掌管十八天；

申月：陰己土掌管七天，陽戊土掌管三天，楊壬水掌管三天，陽庚金掌管十七天；

酉月：陽庚金掌管十天，陰辛金掌管二十天；

戌月：陰辛金掌管九天，陰丁火掌管三天，陽戊土掌管十八天；

亥月：陽戊土掌管七天，陽甲木掌管五天，陽壬水掌管十八天。

子月：陽壬水掌管十天，陰癸水掌管二十天；

丑月：陰癸水掌管九天，陰辛金掌管三天，陰己土掌管十八天；

地支藏天干，又稱為人元，天元是指天干，地元是指地支，以下是天干藏地支的記法。

子藏癸（癸祿在子）

丑　藏　己癸辛（一、丑是陰土，己也是陰土；二、亥子丑「水」，所以是癸；三、巳酉丑為金，所以有辛）

寅　藏　甲丙戊（一、甲祿在寅；二、丙、戊的長生在寅）

卯　藏　乙（乙祿在卯）

辰　藏　戊乙癸（一、辰是陽土，戊也是陽土；二、寅卯辰「木」，所以是乙；三、申子辰為水，所以有癸）

巳　藏　丙戊庚（一、丙戊祿在巳；二、庚的長生在巳）

午　藏　丁己（丁祿在午）（己祿在午）

未　藏　己丁乙（一、未是陰土，己也是陰土；二、巳午未「火」、所以是丁；三、亥卯未為木，所以有乙）

申　藏　庚壬戊（一、庚祿在申；二、壬長生在申；三、戊要用背的，唯一需要背的）

酉　藏　辛（辛祿在酉）

戌　藏　戊辛丁（一、戌是陽土，戊也是陽土；二、申酉戌「金」，所以是辛；三、寅午戌火，所以有丁）

亥　藏　壬甲（壬祿在亥，甲長生在亥）

天干十神對照表

癸	壬	辛	庚	己	戊	丁	丙	乙	甲	日主↓ 天干←
傷官	食神	正財	偏財	正官	偏官	正印	偏印	劫財	比肩	甲
食神	傷官	偏財	正財	偏官	正官	偏印	正印	比肩	劫財	乙
正財	偏財	正官	偏官	正印	偏印	劫財	比肩	傷官	食神	丙
偏財	正財	偏官	正官	偏印	正印	比肩	劫財	食神	傷官	丁
正官	偏官	正印	偏印	劫財	比肩	傷官	食神	正財	偏財	戊
偏官	正官	偏印	正印	比肩	劫財	食神	傷官	偏財	正財	己
正印	偏印	劫財	比肩	傷官	食神	正財	偏財	正官	偏官	庚
偏印	正印	比肩	劫財	食神	傷官	偏財	正財	偏官	正官	辛
劫財	比肩	傷官	食神	正財	偏財	正官	偏官	正印	偏印	壬
比肩	劫財	食神	傷官	偏財	正財	偏官	正官	偏印	正印	癸

一、**比肩：**與日主天干陰陽五行相同，並且是同性關係，即日主為陽，對應同樣天干為陽；日主為陰，對應同樣天干為陰，例如：陽甲木日干遇上天干陽甲木。對比到社會人事關係上來，比肩可以表示兄弟、姊妹、同儕、同袍、同事、同學、朋友、合夥、合夥人、同輩等。比肩為喜用神或建祿格（比肩不論格局），其性格穩健、剛毅、豪邁義氣、自我主觀、自尊心強、施展威權。比肩過多則平生勞累，倔強固執，好爭論，遭誹謗，同輩相處難融洽，易得罪領導，但對下屬、晚輩卻又寵愛。比肩是剋制財星的，比肩多則六親緣薄，剋父、剋妻，男女都遲婚。

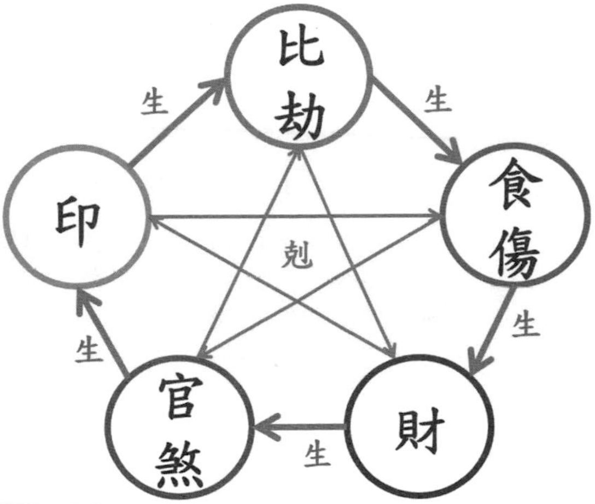

二、**劫財：**與日主天干陰陽五行相同，並且是異性關係，即日主為陽，對應同樣天干為陰；日主為陰，對應同樣天干為陽，例如：陽甲木日干遇上天干陰乙木。對比到社會人事關係上來，比肩可以表示兄弟、姊妹、同儕、同袍、同事、同學、朋友、合夥、合夥人、同輩等，可以表示異性之間的關係。劫財為喜用神或羊刃格（劫財不能成格而以羊刃格代之），其性熱忱坦直，神氣、有傲性，好投機，敢冒險，勇往直前。劫財過多，一生辛勞，多生是非口舌，易招誹謗，抗上而愛部屬，好酒好賭，為人剛硬，不能融通，六親緣薄，男女皆遲婚。

三、**正官：**官者，管也。剋日主天干為異性者，雖然說是剋我，但是異性相剋稱為制，剋之有情。例如：陽甲木日干遇見天干陰辛金。八字中正官表示吉祥之意，有正氣、忠信的意思。正官也有約制管束的意思，一棵樹沒有約束地瘋長，就會不整齊，就需要剪刀來修剪，金屬也需要火煉，才能變成人可以使用的器具。有正官的人，就會比較循規蹈矩，知禮義廉恥，不放蕩作為，也比較正直、認真負責、光明正大、奉公守法等性情。反過來，官或許成為害我之物，官太強，身太弱，就會造成太故步自封、守成不變、墨守成規、畫地自限。官有多種層面的意思，代表官位、職稱、職位、地位、考試、學位、名譽、聲望、公職、創業；夫婦之間代表丈夫。

四、**七殺：**七殺與正官一樣同為剋我之物。剋日主天干為同性者。例如：陽甲木日干遇見天干陽庚金，金剋木，庚是甲的七煞。命書言有制為偏官，無制為七殺，實際上八字身強殺淺，強制七殺，殺就失去了偏官的意義。身弱殺重再逢制殺之物，克泄交加，莫說官位，生命亦憂矣。

不過，官與殺在意象上有很大區別。官是文職，殺則為武職。如軍警兵卒，司法之業；官有正統之性，而殺則威嚴豪邁，叛逆偏激；官為女命之夫，殺則為偏夫、情夫之類等。由殺的寓義，結合具體的八字可以描摹出更多的圖象。

五、正印：正印是陰陽相生關係，例如：陽甲木日干遇見天干陰癸水，水生木，癸是甲的正印。印者，璽也。璽是皇帝的大印，古時候在位的官人，也都需要有印章，象徵權力。生日主者為印，可以說是父母，可以說是生氣，有印者，多為聰明，有智慧、性格慈祥善良，如果從事公職，也清廉，不論是文職、武職，容易掌握權力。但自身強旺者，逢印反為害。正印表示多層面的意義，它代表權力、地位、學業、學術、事業、名譽、福壽，甚至房屋、文章、文件、長輩等。就其性質而言，代表仁慈、敦厚、聰明、穩重、踏實等。

六、偏印：偏印是陰生陰，陽生陽即同性相生的關係，例如：陽甲木日干遇見天干陽壬水，水生木，壬是甲的偏印。偏印有多種稱謂，有制為偏印，無制為倒食，見食為梟神。理解其含義時，可以與正印結合、比較。正印表示正統職業上的權力、地位等，有些書上寫，偏印表示偏業上如宗教、法律、藝術、服務等方面的成就、地位及權力等，偏印比較精明、幹練、自我主觀、聰明冷峻，同時又有孤獨、固執、刻薄怪異、漠視他人的天性。

七、食神：日主天干所生，並且是同性關係，例如：天干陽甲木日主遇見天干陽丙火，丙火為甲的食神。食神又叫爵星、壽星、福星。雖然陽生陽，陰生陰，為洩氣，但是食神生財星，財星可以生官星，爵祿有靠，財又是人生活的根本，所以可以稱為爵星。自身最害怕是遇到七煞來剋，壽命可能因此而絕，食神可以來制伏七煞，讓七煞不敢來剋自身，所以食神又稱為壽星、福星。食神有多層面的意義，它表示食祿、福壽、享樂等。食神為喜用或食神格，其性「溫良恭儉讓」，為人謙和、厚道，忍耐力強。有口福、好享受，性慾也較強。若食神太多，不好的一面反而會呈現，會比較迂腐、好逸惡勞、貪戀酒色、假道斯文。

八、傷官：我生者為食傷。日主天干所生，並且是異性關係，例如：天干陽甲木日主遇見天干陰丁火，丁火為甲的傷官。丁火是甲木所生，所以會散發出甲木的秀氣，人通常會聰明幹練；辛是甲木的正官，丁火身有甲木當靠山，來傷害正官辛。命帶傷官的人會比較俊秀，有時會比較傲慢，思想廣闊無邊，不喜歡受到拘束。若傷官為喜用神或調候神，遇到傷官不但不會發生名譽毀壞，反而有升官、升學、升職的機會。傷官泄秀，其性為多才多藝，聰明好學，精明。但缺點也很鮮明，逞強好勝，一身傲骨，鄙視他人，刻薄任性，常遭世人誤解，他人嫌棄。

九、正財：我剋為妻財，與日主不同性為正財。例如：陽甲木日干，遇到陰土己，甲木剋陰土為正財。財是財產、奉祿、金錢等一切生存、生活，乃至於精神需求的物資。財是養命之源，是不可或缺的，需要人去賺取，必須要有精力、體力、能力，可以取得，並且享用。八字命理就代表一個人，必須身強才能任財，身弱財旺，有時可以賺取到錢財，但是不一定享用的到，有時候是過路財神，無法把錢留在身邊，在八字內，不是有很多財就一定是好的。財又為妻妾、妻緣，正財也是正妻，因為陰陽的關係，夫為陽，妻為陰，從古至今大部分都是比較有財或是有才（氣）的男生比較容易獲得異性的青睞。正財和偏財很多人認為不一樣的解釋，正財解釋為正業之財、勞苦之財，其天性勤勞節儉，篤實保守，占有欲強，重現實勢力。

十、偏財：我剋為妻財，與日主同性為偏財。例如：陽甲木日干，遇到陽土戊，甲木剋陽土為偏財。正財與偏財基本相似，意義稍有差異。正財為妻，偏財為妾。偏財又代表父親，譬如：日主甲木，癸為母，戊剋癸，戊為癸之夫，所以戊是甲木日的父親。偏財許多人認為是偏業之財、橫財、暴發之財、意外之財，如中獎之財、股票之財等。但是正財、偏財都為財，不要侷限正財就是正業之財、偏財就是旁門左道之財。八字財過多，好逸惡勞，吝嗇貪財，苟且安樂，頭腦被金錢所控制，不喜讀書。

六親關係

六親：父、母、兄（姊）、弟（妹）、妻（或夫）、子女。

六親相生相剋：

男命：生我者為母、我剋為妻財、跟我相同者為兄弟姊妹、我剋者為父。

女命：生我者為母、我生者為兒女、剋我者為丈夫、我剋者為財、跟我相同者為兄弟姊妹、我剋者為父。

	社會關係		男命				女命			
正官	上司	師長	女兒	姪女	外婆		丈夫	姊夫	妹婿	
七煞	敵人	小人	兒子	姊夫	妹婿	姪兒	情人	兒媳	夫家姊妹	外婆
正財	客人	客戶	妻子	兄嫂	弟媳		父親	伯叔		男外孫
偏財	客人	客戶	父親	伯叔	情人		兄嫂	弟媳	姑母	女外孫
食神	晚輩	學生	女婿	孫兒	外公		祖母	女兒		
傷官	晚輩	學生	祖母	孫女			兒子			
比肩	朋友	同輩	兄弟	姑丈			姊妹			
劫財	朋友	同輩	姊妹	兒媳			兄弟			
正印	貴人	權力	母親	阿姨	女外孫		母親	阿姨	男內孫	
偏印	親屬長輩	助力	祖父		男外孫		祖父		女內孫	

一、與六親有關的十星

（一）母親：以正印代表母親，八字中若無正印，則以偏印來看，若正印、偏印皆有，則正印為主，偏印為輔，通常以正印為親生母親，偏印為繼母、乾媽。

（二）父親：以偏財代表父親，八字中若無偏財，則以正財來看，若偏財、正財皆有，則偏財為主，正財為輔。

（三）兄弟姊妹：以比肩及劫財代表兄弟姊妹。通常是男性以比肩當為兄弟，劫財當為姊妹，女性以比肩當為姊妹，劫財當為兄弟。

（四）妻子：以正財代表妻子、太太，八字中若無正財，則以偏財來看，若正財、偏財皆有，則正財為主，偏財為輔，通常是以正財為正妻，偏財為妾、情婦、情人。

（五）丈夫：以正官代表丈夫、先生，八字中若無正官，則用七殺來看，若正官、七殺皆有，則正官為主，七殺為輔，通常是以正官為真正的丈夫，以七殺為情夫、外遇、情人。

（六）男性的子女：以正官、七殺代表子女，通常是以兒子為七殺，女兒為正官。

（七）女性的子女：以食神、傷官代表子女，通常是以兒子為傷官，女兒為食神。

二、與六親有關的宮位

（一）父母宮：以年柱、月柱為主。

(二)兄弟宮：年柱、月柱、日柱，以月柱、日柱為主。

(三)夫妻宮：日支，也可以稱為坐下。

(四)子女宮、事業宮：時柱。

三、與六親有關的大運

(一)父母：與八字配合，在大運裡面，由幼運，來觀察與父母的關係或是現象。

(二)兄弟：與八字配合，在大運裡面，看大運的變化，來觀察兄弟之間的關係和現象。

(三)夫妻、男女朋友：與八字配合，在大運裡面，由青少年時期看到老年，來觀察與異性的關係和現象。

(四)子女：與八字配合，由婚後的大運，來觀察子女之間的現象和關係。

天干地支與身體五臟六腑的關係

五行可以分別代表身體內的一些器官或是系統，木為免疫系統、土為消化系統、金是呼吸系統(頭、骨頭也是金)、水是泌尿生殖系統、火是心血管系統。

古訣：

甲膽乙肝丙小腸，丁心戊胃己脾鄉。庚是大腸辛屬肺，壬系膀胱癸腎藏。三焦亦向壬中寄，包絡同歸入癸方。

甲頭乙項丙肩求，丁心戊肋己屬腹。庚是臍輪辛屬股，壬脛癸足一身由。子屬膀胱水道耳，丑為胞肚及脾鄉。

寅膽發脈並兩手，卯本十指內肝方。辰土為皮肩胸類，巳面齒咽下尻肛。午火精神司眼目，未土胃脘隔脊樑。

申金大腸經絡肺，酉中精血小腸藏。戌土命門腿還足，亥水為頭及腎囊。午頭巳未兩肩均，左右二膊是辰申。

卯酉雙肋寅戌腿，丑亥屬腳子為陰。乾首坤腹坎耳儔，震足巽股艮手留。兌口離目分八卦，凡看疾病此中求。

一、**木：肝、膽、頭、項、關節、筋脈、神經、肢體、毛髮。**

(一)天干甲：頭、膽。

(二)天干乙：肝、項。

(三)地支寅：臂、肢、膽、筋、脈、髮、毛、風門穴。

(四)卯：肝、胸、目、手、爪、筋。

二、火：小腸、心、肩、血液、經血、臉部、牙齒、舌頭、腹部、神經、血管、血壓、眼。

（一）丙：肩、小腸。

（二）丁：心、血液。

（三）午：心腹、小腸、目、舌、神氣。

三、土：脾、胃、肋脅、腹、背、胸、肺、肚、皮肉、腫塊。

（一）戊：胃、肋脅（天干）；背、肺（地支）。

（二）辰：背、胸、項、肩、皮膚。

（三）己：脾、腹。

（四）丑：肚、腹、脾、肌、肉。

（五）未：脾、胸、胃、腹、口、脣、齒。

（六）戌：命門、胸、筋、臀、腿、膝、足。

四、金：肺、大腸、肝、臍、股、聲咳、氣管、鼻、皮膚、痔瘡、呼吸系統、骨骼、牙齒。

（一）庚：腸、臍。

（二）辛：肺、股。

（三）申：聲咳、肺、大腸、筋骨、經絡、音聲。

（四）酉：肺、鼻、皮毛、聲。

五、水：腎、膀胱、脛、足、頭、會陰、尿道、陰氣、腰、耳、子宮、疝氣、生殖系統、血液、汗。

（一）壬：膀胱、脛。

（二）癸：腎、足、精。

（三）子：會陰、耳、腰、液、溺。

（四）亥：腎、頭、陰囊、髓、精。

第六章

論命方法

分為年柱、月柱、日柱、時柱。

目前一般大致上在使用的曆法有兩種：一是國曆或是陽曆，是以太陽跟地球公轉、自轉的關係，來編的曆法；一是陰曆或稱農曆，是以月亮跟地球公轉、自轉的關係，編的曆法，八字命理，是以節氣為主，節氣則是太陽跟地球自轉的變化，產生節氣的不同，以下介紹怎麼來排八字，慢慢會發現，八字命理跟春夏秋冬的變化，也是太陽直射，跟地球自轉和公轉軸的角度不同，而產生的季節變化，很有關係。

一、**排年柱**：由萬年曆或是農民曆來找年柱，要注意的事，命理上面的年，不是以農曆的正月初一日為一年的開始，是以「節氣」中的立春為分界線，過了立春才是新的一年，例如：西元二〇二二年陰曆一月四日（國曆二月四日）寅時是「立春」，在此之前出生是「辛丑年」屬牛，在此之後出生是「壬寅年」屬虎。

網路上有很多萬年曆以及節氣的網站，就不多加敘述，讀者可以自行在網路上尋找比較習慣的網頁。

排月柱：排年柱的分界線是在「節氣」中的立春，同樣的月柱的分界線也是在各個月的節氣上面，一年中的節氣一共有二十四個，命理會用到的是「節」，如下：

	陰曆	月支	節	國曆日期（十－一日）	太陽位於黃經角度	中氣	國曆日期（十－一日）	太陽位於黃經角度
春	正月	寅月	立春	二月四日	315度	雨水	二月十九日	330度
	二月	卯月	驚蟄	三月六日	345度	春分	三月二十一日	0度
	三月	辰月	清明	四月五日	15度	穀雨	四月二十日	30度
夏	四月	巳月	立夏	五月六日	45度	小滿	五月二十一日	60度
	五月	午月	芒種	六月六日	75度	夏至	六月二十一日	90度
	六月	未月	小暑	七月七日	105度	大暑	七月二十三日	120度
秋	七月	申月	立秋	八月八日	135度	處暑	八月二十三日	150度
	八月	酉月	白露	九月八日	165度	秋分	九月二十三日	180度
	九月	戌月	寒露	十月八日	195度	霜降	十月二十三日	210度
冬	十月	亥月	立冬	十一月七日	225度	小雪	十一月二十二日	240度
	十一月	子月	大雪	十二月七日	255度	冬至	十二月二十二日	270度
	十二月	丑月	小寒	一月六日	285度	大寒	一月二十日	300度

二、**排月柱**：古時候只知道月柱地支，但不知道天干為何，於是就有「五虎遁」口訣，由「年天干」來找「月天干」，祕訣是「正月天干」生「天干合五行」，譬如：寅月的天干是丙火，生年的天干甲、己。

月＼年干	甲己	乙庚	丙辛	丁壬	戊癸
寅月	丙	戊	庚	壬	甲
卯月	丁	己	辛	癸	乙
辰月	戊	庚	壬	甲	丙
巳月	己	辛	癸	乙	丁
午月	庚	壬	甲	丙	戊
未月	辛	癸	乙	丁	己
申月	壬	甲	丙	戊	戊
酉月	癸	乙	丁	己	己
戌月	甲	丙	戊	戊	庚
亥月	乙	丁	己	己	辛
子月	丙	戊	戊	庚	壬
丑月	丁	己	己	辛	癸

「五虎遁」表格

三、五虎遁手掌訣

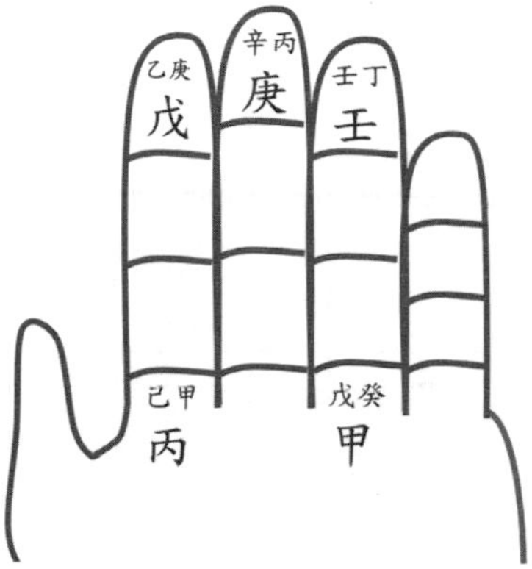

「五虎遁」口訣如下：

甲己之年丙作首；乙庚之歲戊為頭；

丙辛必定尋庚上，丁壬壬位順水流；

若問戊癸何處起，甲寅之上好尋求。

各位可以由以下的方法來記憶，甲己合化土，丙來生土，由「月」的天干五行來生「年」合化五行，所以天干是甲年或是己年，寅月的天干都是丙，卯月的天干是丁，辰月的天干是戊，巳月的天干是己，以此類推，可以詳細看五虎遁的表格，因為一共有五種都是寅月開始算，寅是生肖的虎，所以稱為「五虎遁」。

四、排時柱：日柱的部分，就是參照農民曆或是萬年曆，就可以確認出日主，接下來知道出生時辰，就要來找時辰的天干，就有五鼠遁的口訣。一共有五種，都是由子時開始排天干，子也是生肖的老鼠，所以稱為「五鼠遁」。

日干／時辰	子時	丑時	寅時	卯時	辰時	巳時	午時	未時	申時	酉時	戌時	亥時
甲 己	甲	乙	丙	丁	戊	己	庚	辛	壬	癸	甲	乙
乙 庚	丙	丁	戊	己	庚	辛	壬	癸	甲	乙	丙	丁
丙 辛	戊	己	庚	辛	壬	癸	甲	乙	丙	丁	戊	己
丁 壬	庚	辛	壬	癸	甲	乙	丙	丁	戊	己	戊	己
戊 癸	壬	癸	甲	乙	丙	丁	戊	己	戊	己	庚	辛

「五鼠遁」表格

五、五鼠遁手掌訣

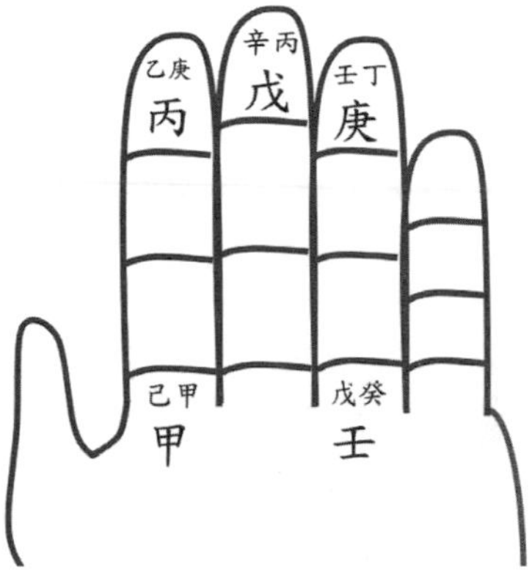

「五鼠遁」日起時訣：

甲己還加甲，乙庚丙作初。

丙辛從戊起，丁壬庚子居。

戊癸何方發，壬子是真途。

各位可以由以下的方法來記憶，甲己合化土，甲來剋土，由「時」的天干五行來剋「日」合化五行，所以天干是甲日或是己日，當日子時的天干都是甲，丑時的天干是乙，寅時的天干是丙，卯時的天干是丁，以此類推，可以詳細看五鼠遁的表格，因為一共有五種都是子時開始算，子是生肖的鼠，所以稱為「五鼠遁」。

舉例：某人在西元二〇二〇年十月八日，使用網站或是萬年曆，查詢年柱、月柱、日柱、時柱：

會先發現，這天剛好是寒露的日子，「寒露的時間點是，上午三點五十五分」。

在西元二〇二〇年十月八日上午三點五十五分以前生的寅時，此人的命盤如下：

年柱　庚子
月柱　乙酉
日柱　甲申
時柱　丙寅

在西元二〇二〇年十月八日上午三點五十五分以後生的寅時，此人的命盤如下：

年柱　庚子
月柱　丙戌
日柱　甲申
時柱　丙寅

空亡與手掌訣

空亡是「沒有配到天干的地支」，譬如：甲子日為日主，用手掌訣開始數，乙丑、丙寅、……、壬申，天干數到壬之後，地支數到申，地支戌亥就是空亡。

空亡的意義為虛無飄渺的精神、不存在的實物，表示沒有、滅亡、不實、消失、不執著、不在意、徒勞無功之意。

日主										空亡
甲子	乙丑	丙寅	丁卯	戊辰	癸酉	己巳	庚午	辛未	壬申	戌亥
甲戌	乙亥	丙子	丁丑	戊寅	癸未	己卯	庚辰	辛巳	壬午	申酉
甲申	乙酉	丙戌	丁亥	戊子	癸巳	己丑	庚寅	辛卯	壬辰	午未
甲午	乙未	丙申	丁酉	戊戌	癸卯	己亥	庚子	辛丑	壬寅	辰巳
甲辰	乙巳	丙午	丁未	戊申	癸丑	己酉	庚戌	辛亥	壬子	寅卯
甲寅	乙卯	丙辰	丁巳	戊午	癸亥	己未	庚申	辛酉	壬戌	子丑

舉例：甲子、乙丑、丙寅……壬申、癸酉日的空亡為戌亥。

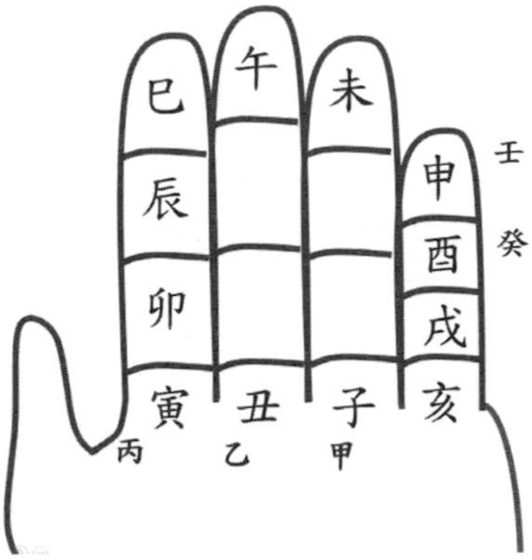

大運排法

八字分成兩個部分：一個是四柱八字、一個是大運，可以解釋成本身的命運，有些人四柱八字就很好，從出生到老都很順利，大運的好壞也不會影響人生，就像現在的大郵輪，因為科技的關係，基本上都不會遇到大風大浪，頂多有些風浪，但都不足以影響航運，人在船上也都會很穩；有些人的八字跟大運就會有很大的關係，好運來的時候，就像是一般的小船，在風平浪靜的大海，也可以暢行無阻，但是只要稍微有風浪，船上的人容易暈船、站不穩，了解運勢就是大運，在八字命理占有很重要的因素。

大運跟月柱有關，在八字命理中，乾造為男人的造化，也是男命的意思；坤造，就是女人的造化，也是女命。

一、陽男陰女順行

男命陽年天干出生者，天干五行是陽；女命陰年天干出生者，天干五行是陰，行運都是根據月柱順行。

二、陰男陽女逆行

男命陰年天干出生者，天干五行是陰；與女命陽年天干生者，天干五行是陽，行運都是根據月柱逆行。

譬如：男命在西元二〇二〇年十月八日上午三點五十五分以前生的寅時，此人的命盤如下：

年柱	月柱	日柱	時柱
庚	乙	甲	丙
子	酉	申	寅

丙	丁	戊	己	庚	辛	壬	癸	甲
戌	亥	子	丑	寅	卯	辰	巳	午

譬如：女命在西元二〇二〇年十月八日上午三點五十五分以後生的寅時，此人的命盤如下：

時柱	日柱	月柱	年柱
丙寅	甲申	乙酉	庚子

甲	癸	壬	辛	庚	己	戊	丁	丙
午	巳	辰	卯	寅	丑	子	亥	戌

計算起運的方法

大運天干地支，從「起運」之年算起，每一組管十年大運。一天干或一地支，各管五年，這個總共十年的大運，以論大運而言，前五年雖然是天干為主，但是也需要把地支納入觀察，後五年則以地支為主，天干為輔。由於「起運」從幾歲開始計算，是依據陽男陰女順推，是從生日當天出生的時辰，計算順行至下一個節氣為止，共多少天，差多少時辰。

陰男陽女的幾歲開始起運的計算，是從生日當天的出生時辰，逆推往上至一個節氣止，合計共有多少天、多少時辰。

起運算法

一個時辰差是十日，一天有十二個時辰，所以差三天就是三十六個時辰為三百六十日為一年。

舉例：男命在西元二〇二〇年十月二十八日未時生的，此人的起運算法如下：

立冬的時間是西元二〇二〇年十一月七日辰時。

兩個時間差九天九個時辰為一百一十七個時辰。

由八字的時間跟立冬節氣差了一百一十七個時辰，轉換成起運的時間為一千一百七十天，即為三年又七十五天，也是三年兩個月又十五天。

西元二〇二〇年十月二十八日未時加上三年兩個月又十五天。

等於西元二〇二三年十二月四十三日，就是西元二〇二四年的一月十二日開始起運。

以往比較習慣用虛歲四歲起運，現在的年代裡，大部分的人都用實歲，或是直接用西元，會比較清楚。

時柱：辛未	日柱：甲辰	月柱：丙戌	年柱：庚子

2104	2094	2084	2074	2064	2054	2044	2034	2024
乙	甲	癸	壬	辛	庚	己	戊	丁
未	午	巳	辰	卯	寅	丑	子	亥

五行屬性

此章節都在詳細說明五行的屬性，如果對中國五術很有興趣，對五行的屬性、個性，要理解，多多揣摩，融會貫通，生、剋、制、化不是很單純的生或是剋的關係，譬如：金太多，火太小，火也沒辦法剋金。

木賴水生，水多木漂。火賴木生，木多火塞。土賴火生，火多土焦。
金賴土生，土多金埋。水賴金生，金多水濁。
木能生火，火多木焚。火能生土，土多火晦。土能生金，金多土變。
金能生水，水多金沉。水能生木，木盛水縮。
強木得火，方化其頑。強火得土，方止其焰。強土得金，方制其害。
強金得水，方挫其鋒。強水得木，方泄其勢。
木能剋土，土重木折。火能剋金，金多火滅。土能剋水，水多土流。
金能剋木，木堅金缺。水能剋火，火多水熱。
木弱逢金，必為砍折。火弱逢水，必為熄滅。土衰遇木，必遭傾陷。
金衰遇火，必見銷鎔。水弱逢土，必為淤塞。
木旺得金，方成棟樑。火旺得水，方成相濟。土旺得木，方能疏通。
金旺得火，方成器皿。水旺得土，方成池沼。

《日主五行》木主仁，火主禮，土主信，金主義，水主智。

（一）八字內日主為木，木的五行中和，此人有惻隱之心，慈祥和藹，濟物利民，憐孤念言，恬靜清高。

木過多，其人執拗性偏。木太弱，其人少仁，心生妒意。

（二）八字內日主為火，火的五行中和，此人有辭讓之心，恭敬威儀，質重純樸，光明開朗。

火過多，聰明，但是個性較為急躁，居傲無禮，粗魯莽撞；火太弱，不之禮節，不在意別人，有始無終，較無條理，容易三分鐘熱度。

（三）八字內日主為土，土的五行中和，其人有誠實之心，敦厚至誠，言行相顧，做事踏實穩重，說到做到。

土過多，其人愚拙，固執如痴，孤僻自負，剛愎自用，沉毒狠戾，言行妄誕，失信顛狂；土太弱，畏縮怕羞，憂疑不決，信口開河。

（四）八字內日主為金，金的五行中和，其人有羞惡之心，仗義疏財，勇敢豪傑，知廉恥，剛毅果決。

金過多，兄弟道義，好勇鬥狠，貪慾；金太弱，不遵守信義，容易背信忘義，不果決，做事容易灰心挫志。

（五）八字內日主為水，水的五行中和，其人有明辨是否之心，足智多謀，心思縝密深遠。

水太多，狡猾奸詐，陰謀好惡，容易怠惰，享樂放縱；水太弱，膽小無謀，投機取巧，賣乖弄俏。

《滴天髓》、天干論

一、甲木

甲木參天，脫胎要火，春不容金，秋不容土，

火熾乘龍，水蕩騎虎，地潤天和，植立千古。

甲木是純陽之木，雄偉粗壯，可以長到天上，甲木如果生在春天的季節，有太陽的幫忙就會枝繁葉茂，八字內屬於強木，如果有火，就會化掉強木的頑頓不靈活的個性。在春天的季節，金是屬於囚，弱金難以剋木，因為木堅導致金缺，所以春不容金。如果木生於秋天的季節，雖然會落葉，但是根還是很強勁，土在秋天的季節，生金洩氣，沒辦法培養木，反遭木所剋，土會剋洩交加，所以秋不容土。甲木為日主，如果火太多，木遭洩氣，如果有辰（龍）在月支、日支、時支，可以幫木洩火，辰中有水也可以幫身。水如果太多，如果有寅（虎）在月支、日支、時支，為甲木的祿為根，可以不會有水多木漂的狀況，寅也是火的長生可以暖身。整個八字來說，有金但是不是很堅銳，有土但是會不反剋，有火但是不會太猛烈（焱），有水但是不會太大像洪水，此甲

木就會直立千古，屹立不搖。

二、乙木

乙木雖柔，刲（ㄎㄨㄟ）羊解牛，懷丁抱丙，跨鳳乘猴，

虛濕之地，騎馬亦憂，藤蘿繫甲，可春可秋。

乙是陰木，如同盆栽的植物，花花草草，或是藤蔓植物，就是生於春季的油菜花，夏季的即將收割的稻穀，秋季的桂花，冬季的水仙，乙木看似陰柔，坐丑（牛）、未（羊）能制柔土，如同用刀宰羊割牛，然只要有一丙丁，則雖生申（猴）、酉（雞）之月也不需要擔心，因為用丁、丙來制金，防止金來剋木。生於亥月、子月，天干庚、辛、壬、癸透者，雖然坐馬（午），最好不要發生，還是要擔憂，如果八字裡面有甲來幫身，藤蔓攀爬在大樹上面，春天、秋天很好，四季都無慮，皆自在。

三、丙火

丙火猛烈，欺霜侮雪，能鍛庚金，逢辛反怯，

土眾生慈，水猖顯節，虎馬犬鄉，甲來成滅。

丙火是純陽之火，是太陽之猛烈火，天干五行屬陽中最為猛烈，不懼怕秋天可以融化結霜，不畏懼冬天而融化下雪，可以除寒解凍，融化冰雪，冬天帶來溫暖，夏天帶來炙熱，庚金很頑強

堅固，丙火可以鍛鍊庚金，使之變成器具。辛金本柔，丙火遇辛（丙辛合化水），反而會比較柔軟溫和。土是火之子，見土多洩其焰而成慈愛之德，遇到濕潤的己土，可以吸收丙火極盛之氣，遇到戊土，會讓戊土焦躁乾裂。五行水是火的官煞，遇水旺而顯忠節之風，就不會有炎上的格局；遇到壬水，壬水無大水可以制暴烈的丙火，遇到陰柔的癸水，癸水容易乾枯。如果遇到寅（虎）、午（馬）火勢已經過於猛烈，如果甲木透出，就太於燥熱而灰飛煙滅。

四、丁火

丁火柔中，內性昭融，抱乙而孝，合壬而忠，旺而不烈，衰而不窮，如有嫡母，可秋可冬。

丁火屬陰火，燭燈之火，本性溫和，外熱內溫，裡內光大發揚。乙是丁的母親，乙會被辛剋，丁剋金使金不會去剋乙，子可以保護母親盡孝道。如果丙火遇甲木而會把甲木焚毀，如果己土遇丁火而會把丁火洩氣弄息，丁火遇到乙木，不會把焚毀又可以剋辛金保護乙木，所以為孝。壬水怕戊土來剋，己土壬水一起會讓水混濁，壬丁合化木，讓壬水不畏懼戊土，壬丁合化木，讓壬水己土不再混濁，土不再剋水所以為忠。生於夏季雖然遇到丙火，也不讓丙火的烈焰更加猛烈，在冬季寒冷的季節也不至於熄滅，還是有丁火的用處。生於秋季冬季，如果有甲木或是乙木（印），就不會懼怕金、水。

五、戊土

戊土固重，既中且正，靜翕動闢，萬物司命，水潤物生，火燥物病，若在艮坤，怕沖宜靜。

戊為陽土，又深又厚如同城牆，可以擋河海之大水，與己土相比是特高厚剛燥，是己土之發源之地，土是五行的中央，堅固穩重，世界上所有的生物隨著季節，在土上面經歷生長、茂盛、衰亡，春夏土氣展開，萬物生長，秋冬土氣收閉，萬物含蓄收藏，戊土承載萬物，土的動靜影響萬物的生息，所以稱為萬物之司命。在春夏的土，喜潤不喜燥，有水的滋潤，萬物欣欣向榮，喜潤水不喜燥火，火燥導致天炙地熱，萬物容易枯亡，生於秋季、冬季的戊土，如果水太多則需要火來暖身，水太多、太濕寒，天地萬物容易生病。戊生於寅月為春季，木旺被木所剋，最怕戊日坐地支申，因為怕寅申沖，土的根被沖；戊生於申月為秋季，金旺戊日貯備金洩，最怕坐寅，因為怕寅申沖，土的根被沖，戊土喜歡安靜平穩，最怕被沖。生於辰、戌、丑、未月的戊土，喜歡庚、申、辛、酉，會讓戊土秀氣優雅，命屬高貴的格局，如果其他柱的天干或是大運看到木、火，就會破了這樣的格局。

六、己土

己土卑濕，中正蓄藏，不愁木盛，不畏水旺，火少火晦，金多金明，若要物昌，宜助宜幫。

己土為陰土、田園之土、肥沃鬆軟，地勢低下，並且潮濕，是戊土枝葉之地，也是屬於五行的中間，蓄藏萬物。土柔能生木，是木喜歡肥沃之地，不是木所能剋，所以不害怕木旺盛。土深能納水，非水所能蕩，故不害怕水多，水也沖不散。火太少太小，遇己土洩氣，黯淡無光。濕土能潤金、生金，所以辛金多，金之光彩，反晶瑩可觀。如果得到丙火，太陽之火的幫助，除去陰濕之氣，就可以滋養萬物生長，生氣蓬勃。

七、庚金

庚金帶煞，剛健為最，得水而清，得火而銳，土潤則生，土乾則脆，能贏甲兄，輸於乙妹。

庚金是陽金，無堅不摧，性格剛烈，豪情仗義，生於秋季，肅煞之物，遇到壬水洩剛健之氣，可以洗滌庚金上的煞氣之物，顯得潔白閃亮、淬厲晶瑩（鍛造時將金屬燒紅進入水中，增加硬度），所以說得水則清。丁火為燭火，也可為煉爐之火，鍛鍊庚金，成為鋒銳的武器或是工具。庚金生於夏季，遇到丑、辰濕土，則有生氣，遇到未、戌比較乾燥的土，庚金就容易脆。庚金在對的季節，對的五行中和，可以勝甲木，遇到乙木，會合金，非但不會變更強、更剛烈的金，反而性情會較柔，但不會讓庚金性質變弱。

八、辛金

辛金軟弱，溫潤而清，畏土之多，樂水之盈，能扶社稷，能救生靈，熱則喜母，寒則喜丁。

辛金是陰金，是首飾、珠寶、黃金、白銀，柔脆的金屬礦物，所以漂亮清潤，害怕太多土把美麗的辛金埋在裡面，喜歡壬水來洗滌，使辛金更光亮奪彩，如果壬水適當，可以讓土濕潤來生金。丙火可以焚燒甲木，辛丙之臣也，合丙化水，使丙火臣服壬水，甲木也不會被焚毀，反而讓甲木有生機，丙辛合化水，使丙不生戊土。辛金生於夏而得己土，則能晦火並且生金。辛金生於冬季而得丁火，則能敵寒，而濕水可以養辛金。辛金生於冬月，遇到丙火，男命不顯貴，如果顯貴就不忠誠；女命剋夫，如果不剋夫也會相處不和睦，見丁火，則男女皆顯貴並且順利。

九、壬水

壬水通河，能洩金氣，剛中之德，周流不滯，通根透癸，沖天奔地，化則有情，從則相濟。

壬水是陽水，如大江大河之水，江洋大川，澎拜並且奔流不息，長生在申，也在坤方，水生於坤，能洩西方庚金肅殺之氣，讓剛烈的庚金顯示出德行，壬水是純陽的大水，周流不息，流動中不未停滯。如果八字的地支申、子、辰皆有，而又透癸水，這樣的大水奔流、波濤滾滾，總使有戊、己土，一樣抵擋不住大水氾濫，如果八字裡面有沖這個水勢，勢必釀成水患，必須用木來洩壬水之氣，最好是合丁化木，化為有情，然後又能生火，生生不息是比較巧妙。如果壬水，生於巳、午、未月，無金、水來幫忙，火、土又透天干，若為從隔，讓土濕潤澤，也是很好的格局。

十、癸水

癸水至弱，達於天津，得龍而潤，功化斯神，

不愁火土，不論庚辛，合戊見火，化象斯真。

癸水是陰水，很弱，卻可以從西方達到東方，（扶桑有弱水達於天津），癸日主之壬，有辰（龍）水庫，大湖、大海，癸水有根，就可以成雲雨，可成為水蒸汽生上空，又可以變成雨、雪落下，為地球的水循環的道理，可以晦火潤土養金，發育萬物，功化斯神。就是說明柱中有甲乙寅卯，皆能用辰中水氣，生木制火，潤土養金，為貴格。火土如果很多，因為本身很弱的性格，可以從火土，讓土有濕潤的性格，又可以讓五行生生不息，如果沒辦法從火土，癸水也是岌岌可危。至於庚辛，因為癸水太弱，無法洩庚金之氣，金太多反而會導致水混濁（金多反濁）。火土太多，癸水不能從，金太多，導致水濁，這時候可以有戊來合化火，不論衰旺秋冬，不論火土庚辛，那是不管萬象變化最為真切的。

一、日主天干屬木的人，其性情與品貌分析

木稱為曲直，主仁。屬東方、體型是彎彎曲曲而直立，向上望外周伸展，所以稱為曲直，其色屬綠色，味屬酸性。

（一）甲陽木

性質而有仁愛之心，有韌性而愛好和平，具有向上發展的上進心，心地仁慈而正直富有惻隱之心，喜歡華美的事物而有風雅的性格，有照顧他人之美德，無論進退皆有情有義，處事負責，但缺乏敏捷應變的能力，又因常煩惱，故做事多勞苦。

（二）乙陰木

個性柔順，內心溫柔，有韌性不易被任何事情打倒；喜歡利益大眾之事，且有同情心，性情和藹，善與人結交朋友，外在表現謙虛，內心卻有不想輸的心理。

（三）日主屬木性格分析

1.八字五行中和，木本身較強者。性格上有定見有主見、肯接受他人意見，遇到任何事情會作理智分析，穩重敦厚而富有博愛、惻隱之心，宅心仁厚，直爽樸實而清高，自身有自己遵循的道德標準，有比一般人高的道德觀念，舉止端莊，有頂天立地之心。

2.木氣太過者。主其人性情較為固執不順從，剛強不屈，自信心過強而固執，不容易與人合作相處，而且容易因為外來的刺激而激動，會有嫉妒心，獨來獨往，孤傲不群。

3.木氣不及而弱者。此人意志薄弱和牆頭之草、飄忽不定，耳根比較軟，隨波逐流，面對事情缺乏條理，雜亂無章，心量比較不豁達，內心容易斤斤計較，比較沒有意志執行長期任務。

4.火多時。身旺火多時，為人豪爽，資質聰敏，能言善道，思想遠大，善於思考，邏輯能力強，心性和平，容易出人頭地。若八字內火太多，雖然資質聰敏，舌燦蓮花，過於表面，虛而不實，過於理想，有時想一步登天。

5.土多時。八字內土太多，對於錢財物質會有一定的執著，往往無法掌握財富，無法適當處理財務，為人也比較鬆散，無法紀律處事。

6.金多時。木弱金多，容易懶散，較無意志力，自認清高，做事情容易三分鐘熱度，很容易因受挫折，不敢向前，不輕易嘗試不熟悉的事物，為人有時喜歡走偏門或捷徑，不走正道。

7.水多時。身弱水多，其人見異思遷，太容易改變想法，喜歡影響他人，喜歡掌握別人的思想、行為，不易認錯，不知悔改，自認為高風亮節，也想影響周圍的人。

（四）日主屬木的人形體分析

木旺在體型上，跟家人比起來容易修長而高大，手足纖細，土較多會較壯一些，金較多骨骼較粗壯，火多更容易瘦高，水多皮膚較白皙。木弱，就像枯萎的樹，肌肉較少，身高瘦長，頭髮稀少。

二、日主天干屬火的人，其性情與品貌分析

火稱為炎上，主禮。屬南方，指具有溫熱、向上升的特性，火通常又快又急，難以控制，向上發展，所以稱炎上，其色屬赤色（紅色），味屬苦味。

（一）丙火

個性急躁，充滿朝氣，精力充沛，行動迅速，積極進取，與人相處重視禮節，知書達禮，如同太陽，蘊藏外放能量，可提給團體活力，溫暖他人，替人著想。

（二）丁火

熱情好禮，內柔外熱，思維細膩，富有同情心與智慧，熱心助人，在團體中散發光亮，並有進取之氣概，為人較守道德、禮儀規範，有時優柔寡斷。

（三）屬火的人之性格分析

1. 八字五行中和，火本身較強者。火有向上的性質，也有禮儀，恭敬謙和之氣，行動力十足，反應敏捷迅速，行動力十足、雷厲風行，步履如飛，心直口快，有奮鬥之精神，不畏艱險，百折不撓，富有創造力，在團體中總能脫穎而出，擅長運籌帷幄，調兵遣將。

2. 火太過者。性情急躁，不容易沉住氣，做事情往往操之過急，容易揠苗助長，反而常常成

事不足，與人溝通往往過於急躁，無法進行深入的溝通，面對事情，有時也看得太表面，沒有深入思考，容易特立獨行，獨來獨往，不容易融入群體中。

3.火不及而弱者。容易虛張聲勢，內心懦弱，做人處事，常常不夠圓滿，脾氣難以控制，難以統帥三軍，難以果斷處理事務，容易半途而廢，對於禮儀不重視，或是以禮儀為由，胡作非為。

4.木多者。身旺木多，往往太過於仰仗權勢，但小心火太旺，導致全盤皆無，不利婚姻，若是身弱有木來相助，五行中和，則知書達禮，有企圖心，在社會上有一定的地位。

5.土太多。身旺土多，性急口快，思考迅速，考慮周全。身弱土多，奔波勞碌，行為比較輕浮，心直口快，思考太多，猶豫不決，舉棋不定。

6.金太多。身旺金多，對於錢財，有與一般人不同的想法，往往可以創造出財富。身弱金旺，自尊心太強，不會不恥下問，剛愎自用，自身往往不能控制自己的情緒，心情上上下下，難以穩定。

7.水太多。身弱水多，難以管理自己和別人，處理事情雜亂無章，比較沒有條理。

（四）日主屬火的人形體分析

火旺者，如火焰上窄下寬，面貌上尖下闊，面貌紅黃，腹部結實廣闊，臉部肉厚而平板，胸口厚實，眼神較為犀利。火弱，就像火快要被滅的時候，體型瘦弱，骨露而尖。

三、日主天干屬土的人，其性情與品貌分析

土稱為稼穡（ㄐㄧㄚˋ ㄙㄜˋ），主信。位於中央，具有穩重、質樸踏實，言行一致，喜靜不喜動。稼穡意思是播種與收割，農事的總稱。其色屬棕黃色，味屬甘。

（一）戊土

豁達穩重，胸襟廣大，一諾千金，體恤入微，照顧人細心周到，在團體中，讓人感到安心可以依靠的角色，缺點是因循守舊、不知變通。

（二）己土

處事細心，整齊有序，處理事情有條有理，多才多藝，行事依循規矩，一板一眼，循序漸進，體貼入微，心思縝密。

（三）屬土的人之性情分析

1. 八字五行中和，土本身較強者。此人重信用，有誠實美德，度量寬廣，言行相顧，責任感強，有信仰之心，能守道德規範，自信心強，與人相交以誠信，能夠兼顧自己的言語與行為，個性喜安靜，少年成老，富有耐心與責任心，並有堅忍的性格，做事情一步一腳印，踏踏實實。

2. 土太過者。個性比較固執，會朝著自己的目標邁進，往往不會接受其他人的建議，對人事物的反應也會比較慢，對於人情世故比較沒有看重，人與人的交往比較少，過於專注自己重視的事情上，忽略周圍人的想法、關心，有逃避世俗的想法，有時會慢慢悠悠，拖拖拉拉，容易遭人

陷害，有甲木來剋是比較好的格局。

3.木多者。身強格局，容易創業，或是從事公家機關的工作，穩紮穩打，也是不錯的格局。身弱木多，為人懶散，不積極，沒有信義，無法說到做到。

4.火多者。身強火多，太燥、太枯，孤傲自居，難以融入人群，孤芳自賞。身弱火多，也是容易自我意識較強，比較不在意別人的想法，比較以自我為中心。

5.金多時。思想清高，獨特，思考縝密，但是百密一疏，有時候較為理想化，比較輕浮不穩重，任性不聽人勸說。

6.水多時。對於財富名利的追求比較執著，容易財來財去，當過路財神，想賺錢但是有些細節不重視，沒有一步一步循規蹈矩，想一步登天，有時候可以賺很多，有時候財富馬上從手中溜走。

（四）日主屬土的人形體分析

容易體型微胖，體型厚壯圓腰，鼻大口方，年紀越大，越容易變胖，臉頰厚實，肩膀厚實。

四、日干屬金的人，其性情與品貌分析

金稱為從革，主義。屬西方，其性堅硬，使用工具鍛鍊金，金會順從外力改變型態不破碎，所以稱從革，其色屬白色，味屬辛辣。

（一）庚金

個性豪氣爽快，氣魄和精神十足，性情剛烈而重義氣、好勝，遇強則強，靜如處子，動如脫兔，可以受磨練，而成大器。

（二）辛金

本質是珠寶，氣質出眾，溫潤秀氣，外表美麗，內在堅硬，遇到壓力善於變通，適應環境強，表面上服從，潛意識自我意識強，可以受磨練成大事。

（三）屬金的人之性情分析

1.八字五行中和，金本身較強者。此人有道義，行事仗義，善惡分明，為人光明正大、耿直，不喜歡拐彎抹角，善於交際，富有才幹，可以在團體中承擔任務，朝目標勇往前進。

2.金氣太多時。有勇無謀，重視江湖義氣，不替人保留情面，行事說話太過直接，常常不經思考，脫口而出，不自覺冒犯別人，殺氣太旺，獨來獨往，不善跟人交流來往，自以為是，自尊心太強。

3.金氣弱者。寡言少語，較為唯唯諾諾，個性不願意出頭承擔事務，甘願做一顆螺絲釘，嘴巴上雖然重義氣，遇到大事情，還是難以招架，甚至會躲開，各方面的能力學習比較慢，需要比一般人多花時間努力。

4.木多者。身強格局的人，對於金錢、名利方面有能力追逐，對於朋友重視道義，可以承擔各方面的壓力，並且成長壯大，汲汲營營，努力付出。身弱格局的人，就身不任財，汲汲營營，往往勞無功，付出跟回收不成比例，身心疲累。

5.火多者。身強格局，適合公家機關，文職武職皆合適，做事情果決，迅速確實，個性比較性急剛烈，不容易靜下來。身弱格局，做事缺乏耐心，不果決，做事情難以決定，比較急躁，沒有耐心，欲速不達。

6.土多者。身強格局，若是燥熱陽土太多，個性太急燥，往往會招惹別人厭惡，太強悍反而無法跟人共事。身弱格局，若處於寒冬，則適合戊土來擋濕寒水氣，此人意志會比較堅定，在團體中，適合當幕僚，輔佐上位往前行進。

7.水多者。身強水多，容易是俊男美女，或是能言善道、聰明伶俐之人。身弱水強，思考太過周詳，往往不能立即下決定，左右反覆無常，容易患得患失。

（四）日主屬金的人形體分析

相貌適中，輪廓深邃，身態端莊，體格壯碩堅朗，聲音清亮。金弱者，像金被融化，身材瘦小，形體不端正。

五、日干屬水的人，其性情與品貌分析

水稱為潤下，主智。屬北方，其性是向下，隨著環境變化，沒有固定形狀，可以滋養萬物，

所以稱為潤下，其色屬灰黑，味屬鹹。

（一）壬水

如江河，海洋，可以雲遊四海，有大水的性格，什麼人都可以相處，為人悠閒樂觀，豪邁直爽，熱情參與各種活動。

（二）癸水

可以為露水，是弱水，可以滋潤滋養大地，平靜、柔和、內向，有原則、道德，愛清潔、整齊，有點小聰明。

（三）屬水的人之性情分析

1.八字五行中和，水本身較強者。智慧高，情商比較高，度量大，對任何事情深思熟慮，才會行動。富有想像力、創造力，八面玲瓏，任何人都不會得罪，喜歡享受人生，隨遇而安，個性隨和。

2.水氣太多者。不拘小節，不受禮義道德的束縛，太過聰明變成小聰明，容易玩物喪志，失去人生方向，喜歡逞口舌之便，喜歡神祕夢幻之事情，容易沉迷於歡樂的事物，較不堅決，搖擺不定。

3.水氣弱者。沒有智慧，只剩下小聰明，容易改變自己訂下的計畫，比較沒有毅力完成長期的目標，有時候性情不定喜歡曖昧，怠惰懶散。

4.木多者。身強木多，雖然洩氣，但是還可以承擔，口若懸河，腦筋動很快。身弱木多，性情較軟弱，心中沒有定見，容易被人左右想法，喜歡依靠別人。

5.火多者。此人對於金錢財富的觀念，比較漫無節制，著重不必要的儀式，縱使有很多賺錢的機會，難以聚財，找到有效的方式用錢滾錢，比較喜歡投機的做法，想要一步登天，鋌而走險，往往徒勞無功，回到原點。處事也比較鬆散，沒有條理。

6.土多者。身強土多，適合從事公職，創業比較辛苦，若有金來通關，創業會比較順利。身弱土多，意志較薄弱，遇到事情不容易做決定，空談理想，不去實踐。

7.金多者。水太多，容易聰明反被聰明誤，獨來獨往，很難融入社群中，總是認為自己才是對的，雖有自信，但是離自負不遠，容易好高騖遠，眼高手低。

（四）日主屬水的人形體分析

皮膚容易細緻，相貌清白，長相眉清目秀，身材適中，形體靈秀，笑臉常開。

以上五行判斷外表、長相，只能做參考，不能單純只看日主，要八個字都確認再行判斷。

定格局——正格、變格

八字定格局很重要，但八字的格局種類太多，每種格局找喜用神的方法不同，定格局後，根據四柱天干地支陰陽五行強弱以及生、剋、制、化，找出喜用神。

八字的格局，大致上分為兩大類：第一類為正格，又稱為普通格局；第二類為變格，又稱為特殊格局。

一、第一類——正格

正格共分為八格：正財格、偏財格、食神格、傷官格、正官格、七殺格、正印格、偏印格，沒有比肩格、劫財格。

正格是由月柱的地支而來取格局的，由月柱地支藏天干的本氣及餘氣或雜氣，確認是否有透出天干，來取十神為格局。

用法規則如下：

月柱地支藏天干的本氣透出天干時，優先取其為格，譬如：壬日主生，月柱是甲寅，寅藏天干是甲、丙、戊，若透出天干是甲，正格是食神；透出天干是丙，正格是偏財；透出天干是戊，正格是七煞。

月柱地支藏天干的本氣未透天干，以月地支的本氣取為格，譬如：壬日主生，月柱是庚寅，年柱、時柱均無甲、丙、戊天干透出，正格取食神；又譬如：四柱皆為壬寅，正格是食神。

（一）正財格優點、缺點如下：

1.正財格優點：處理事情，公平正直，不講情面，一步一腳印，穩紮穩打，性情溫和，不喜歡不勞而獲，擅長謀略，眼見為憑，喜歡有形財物，比較務實，唯物主義。

2.正財格缺點：對金錢計較，親近的人也是如此，較無變化的想法，比較沒有前瞻性，雖平穩，但也比較平淡，有時會因為計較，因小失大，導致患得患失，顯示得失心強。

（二）偏財格優點、缺點，及偏財正財格喜用取法如下：

1.偏財格優點：做事迅速果決，不拖泥帶水，有俠士風骨，思想比較靈活，善於利用機會賺取財富，有機緣巧遇獲得意外財富。

2.偏財格缺點：認為金錢是工具，常常恣意揮霍，沒有節制，喜歡在外尋找財路，用錢交際應酬，容易得到酒肉朋友，紅粉知己，家庭容易爭吵。

3.偏財正財格喜用取法：

身強，偏正印太多，喜食傷生偏正財，幫助財剋偏正印，顧忌比肩、劫財來爭奪偏正財。

身強，有偏正財生官煞，喜官煞強者，此人做任何事情，容易成功，顧忌比肩、劫財來爭奪偏正財。

身強，食傷太多，喜偏正財來洩食傷，顧忌比肩、劫財來爭奪偏正財。

身弱，有偏正財來剋偏正印，喜歡比肩、劫財剋偏正財，來保存偏正印，顧忌食傷再生財。

身弱，有偏正財來生官煞，喜歡偏正印生比肩、劫財來剋制偏正財，顧忌官煞太旺來剋自身。

身弱，有偏正財洩食傷，喜歡比肩、劫財制偏正財，顧忌偏正財太旺。

（三）食神格優點、缺點，及喜用取法如下：

1.食神格優點：氣質高雅，文質彬彬，腦筋靈活，能言善道，言語表達能力好，文筆出眾，在團體中容易脫穎而出，但不至鋒芒畢露，招惹是非。重視環境氛圍，喜歡浪漫，對於飲食比較重視，有口福。

2.食神格缺點：頭腦太容易想東想西，容易陷入自己想像的事物，比較理想化，容易孤芳自賞，與現實脫節，容易失眠，腦神經衰弱，自命清高，曲高和寡。

3.食神格喜用取法：

身強，喜歡食神，偏正財弱，也會喜歡食神，身生食神，食神生財。顧忌偏印來剋食神。

身強，官煞較弱，就會怕食神來剋官煞，既然看到了官煞，喜歡有偏正財來使食神生財。顧忌比肩、劫財再助食傷剋官煞。

身弱，不喜歡食神出現，有看到食神，喜歡偏正印來剋制。害怕再看到偏正財，身生食神，食神生財，讓身更弱。

身弱，正偏財強，更怕食神再生財，喜歡偏正印生比肩、劫財來剋制偏正財。

（四）傷官格優點、缺點，及喜用取法如下：

1.傷官格優點：活動力十足，充滿鬥志，表達生動流利，善於自我推銷，思想跳躍，無拘無束，容易創新，開創新的格局，頭腦聰明，反應迅速。

2.傷官格缺點：講話直接，不婉轉，容易誇大其辭，強出風頭，理想化，不滿現實，想要掙脫現實社會的枷鎖，個性較急，缺乏耐性，欲速則不達，較少考慮到周圍的人。

3.傷官格喜用取法：

身強，喜歡傷官，偏正財弱，也會喜歡傷官，身生傷官，傷官生財。顧忌偏正印來剋傷官。

身強，官煞較弱，就會怕傷官來剋官煞，既然看到了官煞，喜歡有偏正財來使傷官生財。顧忌比肩、劫財再助官煞剋官煞。

身弱，不喜歡傷官出現，有看到傷官，喜歡偏正印來剋制。害怕再看到偏正財，身生傷官，傷官生財，讓身更弱。

身弱，偏正財強，更怕傷官再生財，喜歡偏正印生比肩、劫財來剋制偏正財。

（五）正官格優點、缺點，及喜用取法如下：

1.正官格優點：品格較高尚，為人正直，遵從禮教，遵循社會道德規範，管理人才，具有領導風範。

2.正官格缺點：正官太多，個性優柔寡斷，缺乏魄力，常常猶豫不決，容易滿足，難以承擔大事。

3.正官格喜用取法：

身強，偏正財弱，喜歡正官，喜歡弱財生正官，顧忌偏正印洩正官之氣。

身強，偏正印弱，喜歡正官，喜歡正官強來生印，顧忌食傷來剋制正官。
身強，有比肩、劫財相助，喜歡正官，也喜歡有偏正財來生正官，顧忌食傷來剋制正官。
身弱，害怕看到正官，喜歡偏正印強來洩正官，幫助自身，顧忌財旺再生正官。
身弱，害怕看到正官，喜歡偏正印洩正官，幫助自身。
身弱，害怕看到正官，喜歡比肩、劫財幫身，顧忌正偏財、正官再多。

（六）七殺格優點、缺點，及喜用取法如下：

1. 七殺格優點：善於決策，運籌帷幄，勇於突破現境，開創新機，有勇有謀，威風凜凜，雷厲風行。
2. 七殺格缺點：個性容易樹敵，逞勇好鬥，手段比較劇烈，個性有時偏激，容易激動。
3. 七殺格喜用取法：

身強，偏正印太多，害怕七煞再生印，喜歡食傷剋制七煞，顧忌偏正財再生七煞。
身強，喜愛七煞，喜歡偏正財強來生七煞，顧忌食神傷官剋制七煞。
身弱，偏正印弱，偏正財強，喜歡七煞來生印，顧忌食傷剋制七煞。
身弱，偏正印強，害怕七煞，喜歡食神傷官剋制七煞，顧忌再遇到七煞。
身弱，只比肩、劫財幫身，害怕七煞，喜歡食神傷官剋制七煞，顧忌偏正財來生七煞。

（七）偏正印格優點、缺點，及喜用取法如下：

1.偏正印格優點：氣質優雅，容易掌握權貴，不論文武，容易當決策掌權者，善於權謀，是非常好的幕僚，學富五車，容易得到貴人提拔。

2.偏正印格缺點：自視清高，比較內向，不善言語表達，自我意識較強，要帶頭比較困難，反應比較慢，愛好面子，比較不會顧及別人的感受。

3.偏正印格喜用取法：

身強，有偏正印，喜歡偏正財剋制偏正印，顧忌偏正印助身。

身強，正官七煞弱，有偏正印洩官煞，喜歡正偏財生官煞，顧忌偏正印助身。

身強，食神傷官弱，喜偏正財來洩食傷，顧忌比肩、劫財來爭奪偏正財。

身弱，喜歡偏正印幫身，喜歡正官生印，顧忌正偏財剋制偏正印（貪財壞印）。

身弱，正官七煞較強，喜歡偏正印生洩正官七煞，喜歡比肩劫財，顧忌正偏財剋制偏正印。

身弱，食神傷官較強，喜歡正偏印剋制食神傷官，顧忌正偏財剋制偏正印。

二、第二類——變格

變格就是特別格局，不是正格都稱為變格，一般分為下列數種：建祿格、羊刃格、專旺格、從格、化氣格。專旺格有以下：曲直格、從革格、稼穡格、潤下格、炎上格。

（一）建祿格、羊刃格優點、缺點，及喜用取法如下：

1.建祿格、羊刃格優點：言行一致，意志堅強，按部就班，勇往直前，不屈不撓，堅守本分，全力以赴。

2.建祿格、羊刃格缺點：難以通情達理，想要做的事情，不理他人想法，勇往向前，自己一個人處理，不喜歡團體行動。

3.建祿格、羊刃格喜用取法：

身強，有比肩劫財幫身，喜歡正官七煞剋制。顧忌偏正印助身。

身強，又有比肩劫財來洩食神傷官，喜歡偏正財旺來生正官七煞。顧忌偏正印助身，剋制食神傷官。

身強，又有比肩劫財，喜歡正官七煞剋制比劫。顧忌偏正印助身。

身弱，害怕正官七煞來剋制，喜歡比肩劫財幫身。

身弱，食神傷官多，喜歡偏正印生身，剋制食身傷官。

身弱，正偏財多，喜歡比肩劫財來剋制偏正財，喜歡正偏印來生身。

（二）專旺格類型：

當八字日主極強，當令五行跟日主相同，四柱中與日天干五行相同（比肩、劫財）數量多而又旺時，此八字格局用專旺格論斷。專旺格形成時，喜歡格局中有食神、傷官來流通其氣，如此方可通關，讓運勢發達，富貴可期，財運一路亨通。

1.專旺格局中怕見正官、七殺，如果見到正關、七煞，為破格，就必須以正格來論斷。

2.專旺格局中也怕見正財、偏財來損旺氣，也看作是破格，以正格論斷。

3.專旺格，忌運行官殺，會有破財、官司、疾病、災害，也忌日、月地支遭逢大運流年來沖剋。

專旺	日干	月支	條件	喜用神	忌神
曲直格	甲乙	寅卯	無金	木水火	金
炎上格	丙丁	巳午	無水	火木土	水
稼穡格	戊己	辰戌丑未	無木	土火金	木
從革格	庚辛	申酉	無火	金土水	火
潤下格	壬癸	亥子	無土	水金木	土

(三)從格

從格有：從勢格、從兒格、從殺格、從弱格、從財格。

從格	日干	月支(全)	條件	用神	喜神	忌神
從財格	弱	財星	無比劫/印星	財星	食傷	比劫/印
從殺格	弱	官煞	無傷/比劫/印	官煞	財星	比劫/印
從兒格	弱	食傷	無印/官煞	食傷	比劫	官煞/印
從勢格	弱	財星/官殺 食傷	無比劫、印星	看哪個主導	看哪個主導	比劫/印

從格是要日元弱，不能有偏正印、比肩、劫財，如果見到，就以正格論斷。

從兒格：當食神、傷官，在月的地支，並且八字的十神大部分都食神、傷官，就如同父母順從子女，千依百順，不違背子女意見，所以稱為從兒。

從財格舉例：西元一九七七年六月十五日巳時。

丁巳

丙午

癸卯
丁巳

八字內只有日柱天干癸為水，沒有比肩、劫財，也沒有偏正印來相助，日柱天干孤立無援，只好棄命從財，所以稱從財格。

從煞格舉例：西元一九七八年六月二十日午時。

戊午
戊午
癸丑
戊午

八字內只有日柱天干癸為水，沒有比肩、劫財，也沒有偏正印來相助，無木來剋土（無食傷來剋官煞），日柱天干孤立無援，只好棄命從官煞，所以稱從煞格。

從兒格舉例：西元一九七四年三月三日寅時。

甲寅

丙寅

癸卯

甲寅

> 八字內只有日柱天干癸為水，沒有比肩、劫財，也沒有偏正印來相助，無金來剋木（無偏正印來剋食神、傷官），日柱天干孤立無援，只好棄命從食神、傷官，所以稱從兒格。

（四）化氣格

化氣格	日干	時干/月干	月支	條件	喜用神
土格	甲己	己甲	辰戌丑未	無木	土火
金格	乙庚	庚乙	申酉	無火	金土
水格	丙辛	辛丙	亥子	無土	水金
木格	丁壬	壬丁	寅卯	無金	木水
火格	戊癸	癸戊	巳午	無水	火木

土格舉例：西元一九二八年八月二日辰時。

戊辰
己未
甲戌
戊辰

甲己合土，日柱地支是土，八字內沒有比肩、劫財透出，來刻土，甲己就合化成土，此格局為化氣土格。

金格舉例：西元一九六八年九月十二日辰時。

戊申
辛酉
乙酉
庚辰

乙庚合金，月柱、日柱地支是金，八字內沒有比肩、劫財透出，無火來剋金，乙庚就合化成金，此格局為化氣金格。

水格舉例：西元一九七二年十二月十一日卯時。

壬子
壬子
丙子
辛卯

丙辛合水，月柱、日柱地支是水，八字內沒有比肩、劫財透出，無土來剋水，丙辛就合化成水，此格局為化氣水格。

木格舉例：西元一九七五年三月二十二日寅時。

乙卯
己卯

丁卯
壬寅

丁壬合木，月柱、日柱、時柱地支是木，八字內沒有比肩、劫財透出，無金來剋木，丁壬就合化成木，此格局為化氣木格。

火格舉例：西元一九八六年五月十四日巳時。

丙寅
癸巳
戊午
丁巳

戊癸合火，月柱、日柱、時柱地支是火，八字內沒有比肩、劫財透出，無水來剋火，戊癸就合化成火，此格局為化氣火格。

一、季節

月令代表春、夏、秋、冬四季，四季分別了五行的旺、相、休、囚、死，五行的旺、相、休、囚、死決定了生、剋、制、化的能力。月令是提綱，對於八字裡面全部的五行，都要對應旺、相、休、囚、死。

二、十二長生

有臨官、帝旺的地支來相助，通常身比較強，看十二長生是否可以來幫身。

三、有根

地支是否有藏天干，支藏干也有強弱之分。

四、黨多

比肩、劫財為跟自己相同的五行，稱為黨，黨也可以幫身，太多也會拖累自身。

五、有印

身弱有印可幫身，身強太多印也是會拖累自身。

六、是否從格或專旺格局？

從格局跟專旺格局，跟一般格局看法不同。

如何選喜用神？

喜用神的選取，是論命很重要的步驟，日主有很強的，也有很弱的，有太多同一五行，也有每個五行都有的，有些會造成格局的敗象，有些卻會幫助整個格局活絡，如果在八字裡面有其中一個字，可以讓整個格局強韌，這個字，就是此八字的用神。譬如：日主的格局，像是一個人的身體，用神就是這個身體的靈魂；譬如：日主格局為一台在高速行駛的汽車，用神就是這一台車的引擎，搭配上大運就像是加了氮氣的加速系統，可以一飛沖天；譬如：日主格局像是電玩裡的各種角色，用神就像是裝備一樣，好的裝備，就可以幫助您順利地打怪，使用對的武器，就可以讓您這輩子比較順利。

一、普通格局，使用天干地支五行中和為主，以下提供五個方向：

（一）八字五行中和——調候

（二）身強可剋可洩——抑制

（三）日元弱——八字上關鍵字——生扶

（四）通關

（五）專旺、從格、化氣

二、以下大致介紹正格的用神如何取用：

（一）正官、七煞格局

日主身強，四柱八字內，食神、傷官比較多，用神可考慮取正印、偏印。
日主身強，四柱八字內，正印、偏印比較多，用神可考慮取正財、偏財。
日主身弱，四柱八字內，正財、偏財比較多，用神可以考慮比肩、劫財，如果沒有比肩、劫財，可以考慮正印、偏印為用神。
日主身弱，四柱八字內，傷官、食神比較多，用神可以考慮正印、偏印。
日主身弱，四柱八字內，比肩、劫財比較多，用神可以考慮正官、七煞。

（二）正財、偏財格局

日主身強，四柱八字內，正印、偏印比較多，用神可考慮取正財、偏財。
日主身強，四柱八字內，比肩、劫財比較多，用神可考慮取正官、七煞。
日主身弱，四柱八字內，傷官、食神比較多，用神可以考慮正印、偏印。
日主身弱，四柱八字內，正財、偏財比較多，用神可以考慮比肩、劫財。
日主身弱，四柱八字內，正官、七煞比較多，用神可以考慮正印、偏印。

（三）正印、偏印格局

日主身強，四柱八字內，正財、偏財比較多，用神可考慮取正官、七煞。

日主身強，四柱八字內，正印、偏印比較多，用神可考慮取正財、偏財。

日主身強，四柱八字內，比肩、劫財比較多，用神可以考慮正官、七煞，如果沒有正官、七煞，可以考慮傷官、食神為用神。

日主身弱，四柱八字內，傷官、食神比較多，用神可以考慮正印、偏印。

日主身弱，四柱八字內，正財、偏財比較多，用神可以考慮比肩、劫財。

日主身弱，四柱八字內，正官、七煞比較多，用神可以考慮正印、偏印。

（四）食神、傷官格局

日主身強，四柱八字內，正財、偏財比較多，用神可考慮取正官、七煞如果沒有正官、七煞，可以考慮正印、偏印為用神。

日主身強，四柱八字內，正印、偏印比較多，用神可考慮取正財、偏財。

日主身強，四柱八字內，比肩、劫財比較多，用神可以考慮傷官、食神。

日主身弱，四柱八字內，傷官、食神比較多，用神可以考慮正印、偏印。

日主身弱，四柱八字內，正財、偏財比較多，用神可以考慮比肩、劫財。

日主身弱，四柱八字內，正官、七煞比較多，用神可以考慮正印、偏印。

八字的變化有數十萬種，雖然可以大方向用來找用神，但是不要拘泥於以上的方式找用神，千變萬化的八個字裡面參雜生、剋、制、化，是需要多多著墨，再下判斷，太執著於一個地方，往往會差之千里。找的用神有幾點要注意，用神沒有被沖剋，用神有力有靠，譬如：用神是申，剛好在秋天，或是用金，地支有申、酉。

如何論命——大運、流年、感情、婚姻、合婚、子嗣、運勢？

跟別人說命運是一門很大的學問，在說的同時要懂得拿捏分寸，講得太好，有些人會覺得，有這麼好嗎？講得不好，大部分人又不喜歡聽；畢竟一個人的命運，是很難量化的；人的「比較心理」，卻是占一個人的心態很重要的部分，所以跟誰比命運在論命中是很重要的課題，以下舉例為近代最有名的命理學家之一——韋千里大師，從《千里命稿》之〈應運篇〉的韋千里自評摘錄出來的，並且把內容修改為比較白話文的內容，如有曲解韋千里大師的意思，請見諒。

乾造：辛亥　8 庚寅　48 丙戌
辛卯　18 己丑　58 乙酉
庚子　28 戊子　68 甲申
庚辰　38 丁亥　78 癸未

這是韋千里自己的四柱八字，熟知命理的人就可以了解此八字很遺憾的沒有火。即使天干都是金，因為出生在春天的卯月，沒有土，也沒有金，在《子平真詮》中裡有敘述，有三個比肩不如只有一個長生、祿或是陽刃，看起來有眾多的比劫，但日元沒有氣，不是真的身強。亥卯半合為木局，子辰半合為水局，水與木對於金而言都沒有幫助，反而增加金的負擔，火可以熔金，有火可以顯達，此四柱沒有火，只能說是一位書生，（韋千里老師生平的著作相當多）。在春天的金，顯得比較微弱，如果有小火來幫身，會容易得志，實現人生願望，遇到大火，則沒有辦法承受剋，讓自己鵬程遠遊，縱使人生有了富貴，卻很有可能遭受災難禍害等不幸，這就是孔子說過的「過猶不及」。這四柱八字水、木兩局很旺，也是財星過旺，在《滴天髓》這本書中說到，財氣很旺的命，如果身弱不能承受這樣的財氣，會有像是很窮沒有錢財的人住在很豪華的房子，需要繳稅或是管理費用，卻繳不出來的感覺，正巧符合我今天靠著寫文章過生活的樣子，努力寫文章，很難有富貴的生活，將把自己的才能不顯露出來。把我身弱的命，跟別人身強的命比較，同樣是走好大運的時間，然而可以得到的事物，卻遠遠不如身強的命。身強的命比身弱命運比較好掌握，如此實際的案例，在我幫人相命是屢試不爽。

我的四柱八字搭配大運，在丑大運以前，還算順利，到了戊的大運或是子的大運，應該會有大病發生，但蓋頭是戊，應該不會有性命的擔憂，到了大運亥的時候，英雄無用武之力，很難在社會上有所成就，到了丙運以後，更不可能有什麼作為了。「韋千里估算自己六十五歲身亡，實際於西元一九八八戊辰年七十七歲歿。」

以下列舉出論命的順序，像是數學題一樣，先把邏輯弄清楚，才能判斷此人的命運。

一、看日元強弱：八字排盤後，先確認日元（陰陽五行）、日柱，月柱（提綱），四柱中的陰陽生、剋、制、化，生在旺相知月令為得時，地支生扶多為得地，比肩劫財多為得勢。

二、確認格局：日元強弱清楚後，隨即要確認是普通格局還是特別格局。

三、調候：以普通格局為主，根據月柱查看整理八字，熱、寒、暖、涼、燥、濕。

春季為暖，寅、卯、辰月；夏季為熱，巳、午、未月；秋季為涼，申、酉、戌月；冬季為寒，亥、子、丑月。

天干火土多為燥，地支寅、巳、午、未、戌多為燥，天干金水多為濕，地支申、子、辰、亥、丑多為濕。

四、選取用神：普通格局以陰陽五行強弱以及生、剋、制、化為主，有「生扶」、「抑制」、「通關」為主；日元弱適合「生扶」，日元強適合用「抑制」剋洩；八字格局中，有兩個五行非常強，使八字不流通，需要第三個五行介入而通暢，就是「通關」。

接下來是開始論斷：

五、根據日元四柱天干地支，陰陽五行所占比例，判斷個性。

六、年柱可以確認祖輩、父母原生家庭興衰。

七、月柱可以看父母以及兄弟姊妹素質，原生家庭是否可以帶來助力。

八、日柱地支看配偶。

九、時柱看子女，以及事業。

十、財星，可以看與父親的關係、財富，男命增看妻緣。

十一、正官、七煞，男命可以看社會地位，以及子女助力或成就，女命如果有就業，可以看社會地位成就，以及配偶成就或是依靠。

十二、印星看與母親的關係。

十三、比肩、劫財星，看朋友的關係，還有與兄弟姊妹的關係。

十四、食神、傷官，看口才、腦力、才華。

十五、看大運與喜用神的關係，大運與空亡的關係，大運與八字的關係。

補充篇

名人八字

在八字命理裡面，很多人說：對於初學者，很難找到用神、喜神、忌神、閒神，這四個神。用神表示可以用的，在八字裡面遇到，表示可以為己所用，可以隨之乘風破浪，運勢特別好；喜神是自己所喜歡的，在八字命理遇到也會讓運勢變好；忌神顧名思義，就是有所畏忌的，遇到會讓運勢比較不好；閒神表示無所謂，也不會對命運產生什麼影響。

以下會舉一些例子，這些例子大部分是古今中外的名人，在網路上確認生日，時辰的部分則是陳弘自己選的，並非得到出生時間，讓讀者熟悉身強、身弱，以及喜、用、忌、閒神，用神為O、喜神為V、忌神為X、閒神為@，在算命的過程中，陳弘以使用用神、喜神為主，所以舉的例子比較多為喜神、用神。

一、此為王力宏的生日，為華語流行音樂男歌手、音樂製作人、演員，時辰由小編自選酉時。

月柱是巳月，對於日主己陰土是旺、相、休、囚、死中的旺，在十二長生中有兩個帝旺，屬於身強格局。身強喜洩剋，此八字酉有化龍點睛之鑰，為此八字用神，金生水，巳酉合減少帝旺炙烈之氣，癸為喜神。

時柱			日柱			月柱			年柱		
癸		V	己			癸		V	丙		
酉		O	巳			巳			辰		
		辛	庚	戊	丙	庚	戊	丙	癸	乙	戊
			O			O					

大運

癸	壬	辛	庚	己	戊	丁	丙	乙	甲
卯	寅	丑	子	亥	戌	酉	申	未	午

二、此為周杰倫的生日，為華語流行音樂男歌手、音樂製作人，同時也是演員、導演，時辰由小編自選子時。

日主乙陰木生於丑月，為旺、相、休、囚、死中的囚，酉丑半合金，有比肩以來幫身，丙火調候，丙、丁火剋金，此八字丙火最為重要，丙火為用神，此為身弱格局，大運走得好，此命將發達。

時柱			日柱			月柱			年柱		
丙		o	乙			乙		o	戊		
子			酉			丑			午		
		癸			辛	辛	癸	己		己	丁
		X					X				O

大運

乙	甲	癸	壬	辛	庚	己	戊	丁	丙
亥	戌	酉	申	未	午	巳	辰	卯	寅

三、此為陳水扁的生日，為中華民國第十任、第十一任總統，西元二〇〇八年因涉嫌重罪由臺北地方法院收押禁見，時辰由小編自選酉時。

日主庚陽金生於戌月，原本為旺、相、休、囚、死中的相，但辰戌沖，丙火透出，戌又為夏季，庚的祿在申，庚辰日為魁剛日，身本應為身強，但辰戌沖，造成土沒辦法幫身，所以身中強。

時柱			日柱			月柱			年柱		
甲			庚			甲			庚		
申		o	辰			申		o	辰		
戊	壬	庚	癸	戊	壬	庚	癸	戊	壬	庚	癸
		o				o				o	

大運

丙	乙	甲	癸	壬	辛	庚	己	戊	丁
申	未	午	巳	辰	卯	寅	丑	子	亥

四、此為馬英九的生日，為中華民國第十二任、第十三任總統，時辰由小編自選子時。

日主己陰土在下季末的未月生，為旺、相、休、囚、死中的旺，但未也為陰土，又有時甲木來剋，甲己合化土，形成官來就我的格局，身不強為中平，可用土、喜火、忌金。

<table>
<tr><td colspan="3">時柱</td><td colspan="3">日柱</td><td colspan="3">月柱</td><td colspan="3">年柱</td></tr>
<tr><td colspan="2">甲</td><td>O</td><td colspan="2">己</td><td></td><td colspan="2">癸</td><td></td><td colspan="2">庚</td><td>X</td></tr>
<tr><td colspan="2">子</td><td></td><td colspan="2">酉</td><td></td><td colspan="2">未</td><td>O</td><td colspan="2">寅</td><td></td></tr>
<tr><td></td><td></td><td>癸</td><td></td><td></td><td>辛</td><td>乙</td><td>丁</td><td>己</td><td>戊</td><td>丙</td><td>甲</td></tr>
<tr><td></td><td></td><td></td><td></td><td></td><td>X</td><td></td><td>V</td><td>O</td><td>O</td><td>V</td><td></td></tr>
</table>

大運

癸	壬	辛	庚	己	戊	丁	丙	乙	甲
巳	辰	卯	寅	丑	子	亥	戌	酉	申

五、此為蔡英文的生日，為中華民國第十四任、第十五任總統，時辰由小編自選辰時。

日主庚陽金在秋天申月生，為旺、相、休、囚、死中的旺，丙火有午火為根，身煞兩停，以土通關，此八字屬於身強格局。

時柱			日柱			月柱			年柱		
庚			庚			丙			丙		
辰		○	午			申			申		
癸	乙	戊		己	丁	戊	壬	庚	戊	壬	庚
		○				○			○		

大運

癸	甲	乙	丙	丁	戊	己	庚	辛	壬
酉	戌	亥	子	丑	寅	卯	辰	巳	午

六、此為曾博恩的生日，成立薩泰爾娛樂股份有限公司，以《博恩夜夜秀》獲得臺灣廣大群眾關注，時辰由小編自選卯時。

日主壬陽水在夏季末戌月生，為旺、相、休、囚、死中的死，身本為弱，但有申印癸水幫身，身為中平，娶妻後較旺，用癸水、喜申金。

時柱			日柱			月柱			年柱		
癸		O	壬			丙			庚		
卯			申		V	戌			午		
		乙	戊	壬	庚	丁	辛	戊		己	丁
				O	V		V				

大運

丙	乙	甲	癸	壬	辛	庚	己	戊	丁
申	未	午	巳	辰	卯	寅	丑	子	亥

七、此為馬友友的生日，曾錄製九十多張專輯，獲得十八項葛萊美獎，時辰由小編自選巳時。

日主辛陰金在秋季酉月生，為旺、相、休、囚、死中的旺，酉是辛的臨官，辛的坐下是丑，土申金加上旺季所以為身強格局，時柱巳本企為丙火，可以讓八字有調候作用。

時柱			日柱			月柱			年柱		
癸			辛			乙			乙		
巳		0	丑			酉			未		
庚	戊	丙	辛	癸	己			辛	乙	丁	己
		0									

大運

乙	丙	丁	戊	己	庚	辛	壬	乙	甲
亥	子	丑	寅	卯	辰	巳	午	未	申

八、此為林志玲的生日，為臺灣知名模特兒，也涉及主持、演員、歌手等，時辰由小編自選巳時。

日主甲陽木在冬季亥月生，為旺、相、休、囚、死中的相，冬天的甲木，需要火來暖身，四柱八字，木太多，需要金來修剪，此八字木太多，為身強格局。

時柱			日柱			月柱			年柱		
庚		O	甲			乙			甲		
午		V	戌			亥			寅		
	己	丁	丁	辛	戊		甲	壬	戊	丙	甲
		V	V	O						V	

大運

乙	丙	丁	戊	己	庚	辛	壬	癸	甲
丑	寅	卯	辰	巳	午	未	申	酉	戌

九、此為林書豪的生日，生於美國，哈佛大學經濟系畢業，為職業籃球球員，時辰由小編自選亥時。

日主庚陽金在秋季申月生，為旺、相、休、囚、死中的旺，月柱天干也是庚，日柱地支又為土，土生金，日主屬於身強格局，身強喜被剋、喜生，火煉金讓金成器，以丁火為此八字的用神。

時柱			日柱			月柱			年柱		
丁		O	庚			庚			戊		
亥			戌			申			辰		
	甲	壬	丁	辛	戊	戊	壬	庚	癸	乙	戊
	V		O							V	

大運

庚	己	戊	丁	丙	乙	甲	癸	壬	辛
午	巳	辰	卯	寅	丑	子	亥	戌	酉

十、此為美國第四十五任總統唐納·川普（Donald Trump）的生日，是企業家、主持人、電影演員，時辰由小編自選巳時。

日主己陰土在夏季午月生，為旺、相、休、囚、死中的相，四柱八字大部分是火土，此屬於身強格局，喜金洩身強，以金為喜神，以甲木為用，來疏土。

時柱			日柱			月柱			年柱		
己			己			甲		O	丙		
巳			未			午			戌		
庚	戊	丙	乙	丁	己		己	丁	丁	辛	戊
V										V	

大運

甲	癸	壬	辛	庚	己	戊	丁	丙	乙
辰	卯	寅	丑	子	亥	戌	酉	申	未

十一、此為Facebook創辦人馬克・艾略特・祖克柏（Mark Zuckerberg），的生日，時辰由小編自選戌時。

日主戊陽土在夏季巳月生，為旺、相、休、囚、死中的相，戊祿在巳，時柱地支為戌，身強格局，用申金生水，用申金洩土，金為用神，水為喜神來調節夏季燥熱之氣，巳申合，財透。

時柱			日柱			月柱			年柱		
壬		V	戊			己			甲		
戌			申		O	巳			子		
丁	辛	戊	戊	壬	庚	庚	戊	丙			癸
	O			V	O	O					V

大運

己	戊	丁	丙	乙	甲	癸	壬	辛	庚
卯	寅	丑	子	亥	戌	酉	申	未	午

十二、此為香港明星劉德華的生日，為金氏世界紀錄獲獎最多香港歌手，時辰由小編自選午時。

日主癸陰水在秋季酉月生，酉丑半合金，為旺、相、休、囚、死中的相，日柱癸坐下為亥，身強格局，用土擋水，使癸水有規矩、有方向，喜火調候。

時柱			日柱			月柱			年柱		
戊		O	癸			丁		V	辛		
午		V	亥			酉			丑		
	己	丁		甲	壬			辛	辛	癸	己
		V									

大運

丁	戊	己	庚	辛	壬	丁	甲	乙	丙
亥	子	丑	寅	卯	辰	巳	午	未	申

十三、此為陳文茜的生日，為知名媒體人、主持人、作家，時辰由小編自選丑時。

日主辛陰金在春季卯月生，為旺、相、休、囚、死中的囚，日柱、時柱有陰丑土來生金，丑土為用神，身中平，忌神為木。

時柱			日柱			月柱			年柱		
丁			辛			乙		X	戊		
丑		O	丑		O	卯		X	戌		
辛	癸	己	辛	癸	己			乙	丁	辛	戊
V		O	V		O			X			

大運

乙	丙	丁	戊	己	庚	辛	壬	癸	甲
巳	午	未	申	酉	戌	亥	子	丑	寅

十四、此為Apple創辦人之一的史蒂夫·保羅·賈伯斯（Steve Jobs）的生日，時辰由小編自選巳時。

日主丙陽火在春季寅月生，為旺、相、休、囚、死中的相，時柱地支巳為祿，身強火旺，用水調候，喜金生水，忌神壬水。

時柱		日柱		月柱		年柱	
癸	O	丙		戊		乙	
巳		辰		寅		未	

庚	戊	丙	癸	乙	戊	戊	丙	甲	乙	丁	己
V			O								

大運

戊	己	庚	辛	壬	癸	甲	乙	丙	丁
辰	巳	午	未	申	酉	戌	亥	子	丑

十五、日主癸陰水在秋季酉月生，為旺、相、休、囚、死中的相，時柱地支子為癸之祿，巳酉半合金，此格局是身強以巳火為用，巳火與酉合化不傷酉，用火暖身，喜木傷官吐秀。

時柱			日柱			月柱			年柱		
甲		V	癸			辛			戊		
子			巳		0	酉			戌		
		癸	庚	戊	丙			辛	丁	辛	戊
					0				0		

大運

辛	壬	癸	甲	乙	丙	丁	戊	己	庚
亥	子	丑	寅	卯	辰	巳	午	未	申

十六、此為施崇棠的生日，為華碩電腦、華芸科技董事長，時辰由小編自選亥時。

日主庚陽金在秋季申月生，為旺、相、休、囚、死中的旺，申為庚的祿，寅申沖由寅亥合木化解，丁火為用神，有庚金劈甲木引丁之意，可以煉金，可以調候，木為喜神。

<table>
<tr><td colspan="3">時柱</td><td colspan="3">日柱</td><td colspan="3">月柱</td><td colspan="3">年柱</td></tr>
<tr><td colspan="2">丁</td><td>O</td><td colspan="2">庚</td><td></td><td colspan="2">戊</td><td></td><td colspan="2">壬</td><td></td></tr>
<tr><td colspan="2">亥</td><td></td><td colspan="2">寅</td><td>V</td><td colspan="2">申</td><td></td><td colspan="2">辰</td><td></td></tr>
<tr><td></td><td>甲</td><td>壬</td><td>戊</td><td>丙</td><td>甲</td><td>戊</td><td>壬</td><td>庚</td><td>癸</td><td>乙</td><td>戊</td></tr>
<tr><td></td><td>V</td><td></td><td></td><td></td><td>V</td><td></td><td></td><td></td><td></td><td></td><td></td></tr>
</table>

大運

戊	丁	丙	乙	甲	癸	壬	辛	庚	己
午	巳	辰	卯	寅	丑	子	亥	戌	酉

十七、此為戴資穎的生日，為臺灣女子羽球運動球員，世界羽球聯盟積分排名第一，時辰由小編自選亥時。

日主丙陽火在冬季丑月生，為旺、相、休、囚、死中的休，日柱、時柱的地支都是寅，寅是丙火的臨官，身中強，丙辛合，雖有兩個臨官，但不燥熱暴烈，用神為寅，喜神為辛金。

時柱			日柱			月柱			年柱		
庚			丙			辛		V	辛		
寅		O	寅		O	丑			丑		
戊	丙	甲	戊	丙	甲	辛	癸	己	辛	癸	己
		O			O						

大運

辛	庚	己	戊	丁	丙	乙	甲	癸	壬
亥	戌	酉	申	未	午	巳	辰	卯	寅

十八、此為寫武俠小說聞名的金庸的生日，時辰由小編自選未時。

日主乙陰木在春季寅月生，為旺、相、休、囚、死中的旺，卯為乙的臨官、寅為乙的帝旺，卯未合木，此八字身強，用神為火，喜神為土。

時柱			日柱			月柱			年柱		
癸			乙			丙		O	甲		
未		V	卯			寅			子		
乙	丁	己			乙	戊	丙	甲			癸
	O	V				V	O				

大運

丙	乙	甲	癸	壬	辛	庚	己	戊	丁
子	亥	戌	酉	申	未	午	巳	辰	卯

十九、此為日本知名漫畫家「尾田榮一郎」的生日，代表作《航海王 ONE PIECE》，時辰由小編自選未時。

日主丁陰火在冬季子月生，為旺、相、休、囚、死中的死，月柱、時柱有丙火丁火幫身，年柱有寅甲來幫火，連成一氣，用火幫身，用土洩火氣，用神為火，喜神為土，整體八字而言缺一不可，妙在四柱八字無金。

時柱			日柱			月柱			年柱		
丁		O	丁			丙		O	甲		
未			未			子			寅		
乙	丁	己	乙	丁	己			癸	戊	丙	甲
		V			V						

大運

丙	乙	甲	癸	壬	辛	庚	己	戊	丁
戌	酉	申	未	午	巳	辰	卯	寅	丑

二十、此為美國知名演員珍妮佛・雪拉德・勞倫斯（Jennifer Lawrence）的生日，曾拿過第八十五屆奧斯卡最佳女主角獎，時辰由小編自選未時。

日主壬陽水在秋季申月生，為旺、相、休、囚、死中的相，申子半合為水，身強格局，壬丁合不化，財來就我，用神為火，可以暖身調候，土來擋水，讓大水有所擋，較有規矩。

時柱			日柱			月柱			年柱		
丁		O	壬			甲			庚		
未			子			申			午		
乙	丁	己			癸	戊	壬	庚		己	丁
	O	V				V				V	O

大運

甲	乙	丙	丁	戊	己	庚	辛	壬	癸
戌	亥	子	丑	寅	卯	辰	巳	午	未

二十一、此為英格蘭知名足球明星大衛・勞勃・約瑟夫・貝克漢（David Beckham）的生日，為前英格蘭足球代表隊隊長，時辰由小編自選未時。

日主戊陽土在春季辰月生，為旺、相、休、囚、死中的旺，時柱丙辰，丙火可以調候暖身，以申為用神，水為喜神，此格局為身強，整體五行中和流暢。

時柱			日柱			月柱			年柱		
丙			戊			庚			乙		
辰			申		O	辰			卯		
癸	乙	戊	戊	壬	庚	癸	乙	戊			乙
V					O	V					

大運

庚	辛	壬	癸	甲	乙	丙	丁	戊	己
午	未	申	酉	戌	亥	子	丑	寅	卯

二十二、此為美國知名維多利亞·卡洛琳·貝克漢（Victoria Beckham）的生日，為英國辣妹合唱團成員之一，與足球明星貝克漢結婚，時辰由小編自選卯時。

日主戊陽土在春季辰月生，為旺、相、休、囚、死中的旺，子辰合不化水，月柱戊辰，身強格局，以木為用來疏通厚土，子水為喜神。

時柱			日柱			月柱			年柱		
乙		O	戊			戊			甲		O
卯		O	子		V	辰			寅		O
		乙			癸	癸	乙	戊	戊	丙	甲
		O			V		O				O

大運

戊	己	庚	辛	壬	癸	甲	乙	丙	丁
午	未	申	酉	戌	亥	子	丑	寅	卯

二十三、此為美國第四十四任總統巴拉克·胡笙·歐巴馬二世（Barack Obama）的生日，為首位擁有非裔血統的美國總統，時辰由小編自選丑時。

日主己陰土在夏季未月生，為旺、相、休、囚、死中的旺，日主坐下是巳火，時柱地支是丑土，此屬於身強格局，以甲木為用，來疏土，喜水降火氣。

時柱			日柱			月柱			年柱		
乙		O	己			乙		O	辛		
丑			巳			未			丑		
辛	癸	己	庚	戊	丙	乙	丁	己	辛	癸	己
	V									V	

大運

乙	丙	丁	戊	己	庚	辛	壬	癸	甲
酉	戌	亥	子	丑	寅	卯	辰	巳	午

二十四、此為中國人民共和國領導人習近平的生日，時辰由小編自選辰時。

日主丁陰火在夏季午月生，為旺、相、休、囚、死中的旺，時柱甲木、年柱巳火幫申，此為身強格局，以辰土為用，辰土有水氣可以調候，可讓丁火洩氣，金為喜神，可以生水。

時柱			日柱			月柱			年柱		
甲			丁			戊			癸		0
辰		0	酉			午			巳		
癸	乙	戊			辛		己	丁	庚	戊	丙
0					V				V		

大運

戊	己	庚	辛	壬	癸	甲	乙	丙	丁
申	酉	戌	亥	子	丑	寅	卯	辰	巳

二十五、此為余光中的生日，為著名詩人、作家、文學家，時辰由小編自選丑時。

日主甲陽土在秋季戌月生，為旺、相、休、囚、死中的囚，日主坐下是午火，午戌合火，夏季太燥熱，雖然有壬水但無根，此屬於身弱格局，以壬水為用神，可調候可以生木，以木為喜神，以木幫身。

時柱			日柱			月柱			年柱		
乙		V	甲			壬		O	戊		
丑			午			戌			辰		
辛	癸	己		己	丁	丁	辛	戊	癸	乙	戊
	O								O	V	

大運

壬	辛	庚	己	戊	丁	丙	乙	甲	癸
申	未	午	巳	辰	卯	寅	丑	子	亥

二十六、此為德國第八任總理安格拉・梅克爾（Angela Merkel）的生日，為德國第一位女性聯邦總理，時辰由小編自選酉時。

日主甲陽土在夏季未月生，為旺、相、休、囚、死中的囚，身弱格但不弱的格局，以木為用神，水為喜神，比劫、印可以幫身。

時柱			日柱			月柱			年柱		
癸		V	甲			辛			甲		O
酉			戌			未			午		
		辛	丁	辛	戊	乙	丁	己		己	丁
						O					

大運

辛	壬	癸	甲	乙	丙	丁	戊	己	庚
酉	戌	亥	子	丑	寅	卯	辰	巳	午

二十七、此為麥可・佛瑞德・費爾普斯二世（Michael Phelps）的生日，為美國男子游泳運動員，史上獲得最多奧運獎牌的運動員，人稱「飛魚」，時辰由小編自選申時。

日主庚陽金在夏季午月生，為旺、相、休、囚、死中的死，時柱申時為日主的臨官，原本身弱轉變為身不弱，也有庚金劈甲木引丁之意。

時柱			日柱			月柱			年柱		
甲			庚			壬			乙		
申		o	子			午			丑		
戊	壬	庚			癸		己	丁	辛	癸	己
		o									

大運

壬	癸	甲	乙	丙	丁	戊	己	庚	辛
申	酉	戌	亥	子	丑	寅	卯	辰	巳

二十八、此為柯比・布萊恩（Kobe Bryant）的生日，著名籃球運動明星，於西元二〇二〇年墜機遇難過世，時辰由小編自選午時。

日主丁陰火在秋季申月生，為旺、相、休、囚、死中的囚，坐下巳火為丁火的帝旺，時柱天干丁火、地支巳火為丁火的帝旺，屬於身中強的格局，以火為用神，可以對抗庚金秋煞之氣。

時柱			日柱			月柱			年柱		
丁		o	丁			庚			戊		
未			巳		o	申			午		o
乙	丁	己	庚	戊	丙	戊	壬	庚		己	丁
	o				o						o

大運

庚	己	戊	丁	丙	乙	甲	癸	壬	辛
午	巳	辰	卯	寅	丑	子	亥	戌	酉

二十九、此為連戰的生日，為中華民國著名政治人物，曾任中華民國行政院長、副總統等要職，時辰由小編自選辰時。

日主辛陰金在秋季申月生，為旺、相、休、囚、死中的旺，時柱地支為辰土，濕土生金，巳申合讓巳火不剋金，丙辛合是官來就我，丙火不剋金，此屬於身強格局，以戊土為用神，保護金洩土氣。

時柱			日柱			月柱			年柱		
壬			辛			丙			丙		
辰		O	巳			申			子		
癸	乙	戊	庚	戊	丙	戊	壬	庚			癸
		O		O		O					

大運

丙	乙	甲	癸	壬	辛	庚	己	戊	丁
午	巳	辰	卯	寅	丑	子	亥	戌	酉

三十、此為連勝文的生日，為中華民國政治人物，父親是連戰，曾任中華民國行政院長、副總統等要職，時辰由小編自選寅時。

日主甲陽木在冬季丑月生，為旺、相、休、囚、死中的囚，日主坐下是寅，時柱丙寅，為甲的祿，甲木參天脫胎要火，冬季的木以丙火為用神調候，甲木為喜神，此為身中強格局。

時柱			日柱			月柱			年柱		
丙		O	甲			丁			己		
寅		V	寅		V	丑			酉		
戊	丙	甲	戊	丙	甲	辛	癸	己			辛
	O	V		O	V						

大運

丁	戊	己	庚	辛	壬	癸	甲	乙	丙
卯	辰	巳	午	未	申	酉	戌	亥	子

三十一、此為賴清德的生日，為中華民國政治人物，曾任中華民國行政院長、副總統等要職，時辰由小編自選申時。

日主辛陰金在秋季酉月生，為旺、相、休、囚、死中的旺，日主坐下酉，同樣是臨官，日柱地支申為帝旺，此為身強格局，丙辛合為官來就我，丙火可以調候，化有情為用神，木為喜神。

時柱			日柱			月柱			年柱		
丙		O	辛			癸			己		
申			酉			酉			亥		
戊	壬	庚			辛			辛			甲
											V

大運

癸	甲	乙	丙	丁	戊	己	庚	辛	壬
亥	子	丑	寅	卯	辰	巳	午	未	申

三十二、此為蘇貞昌的生日，為中華民國政治人物，曾任中華民國行政院長、總統府秘書長等要職，時辰由小編自選丑時。

日主丁陰火在夏季未月生，為旺、相、休、囚、死中的旺，年柱、月柱天干為丁火幫身，時柱地支為丑土，此為身強格局，以申金洩氣為用神，以癸水調候為喜神。

時柱			日柱			月柱			年柱		
癸		V	戊			丁			丁		
丑			申		O	未			亥		
辛	癸	己	戊	壬	庚	乙	丁	己		甲	壬
O	V				O						V

大運

丁	戊	己	庚	辛	壬	癸	甲	乙	丙
酉	戌	亥	子	丑	寅	卯	辰	巳	午

附錄 排神煞

一、【以年支對照月日時支神煞表】

	子	丑	寅	卯	辰	巳	午	未	申	酉	戌	亥
金匱	子	酉	午	卯	子	酉	午	卯	子	酉	午	卯
紅鸞	卯	寅	丑	子	亥	戌	酉	申	未	午	巳	辰
天喜	酉	申	未	午	巳	辰	卯	寅	丑	子	亥	戌
龍德	未	申	酉	戌	亥	子	丑	寅	卯	辰	巳	午
福德	酉	戌	亥	子	丑	寅	卯	辰	巳	午	未	申
喪門	寅	卯	辰	巳	午	未	申	酉	戌	亥	子	丑
勾絞	卯	辰	巳	午	未	申	酉	戌	亥	子	丑	寅
五鬼	辰	巳	午	未	申	酉	戌	亥	子	丑	寅	卯
破碎	午	未	申	酉	戌	亥	子	丑	寅	卯	辰	巳
大耗	午	未	申	酉	戌	亥	子	丑	寅	卯	辰	巳
白虎	申	酉	戌	亥	子	丑	寅	卯	辰	巳	午	未
天狗	戌	亥	子	丑	寅	卯	辰	巳	午	未	申	酉
桃花	酉	午	卯	子	酉	午	卯	子	酉	午	卯	子
血刃	戌	酉	申	未	午	巳	辰	卯	寅	丑	子	亥
+元辰-	未	申	酉	戌	亥	子	丑	寅	卯	辰	巳	午
-元辰+	巳	午	未	申	酉	戌	亥	子	丑	寅	卯	辰
伏吟	子	丑	寅	卯	辰	巳	午	未	申	酉	戌	亥
劫煞	巳	寅	亥	申	巳	寅	亥	申	巳	寅	亥	申
災煞	午	卯	子	酉	午	卯	子	酉	午	卯	子	酉
六厄	卯	子	酉	午	卯	子	酉	午	卯	子	酉	午

【龍德】命中有龍德之人，萬事順心如意，心想事成，遇事則逢凶化吉。

【福德】命中有福德，財源廣進，諸事順心如意，增強福祿，大吉，可以常祈福財寶天王、福德正神，保平安順利。

【金匱】命中有金匱，容易成為各行各業的翹楚、傑出人才，非常適合成為管理人員，對於金融管理也是十分合適。

【紅鸞】命中有紅鸞，大多會是俊男美女，在求財方面順心如意，人緣也會比較好。此是吉星。

【天喜】命中有天喜，相貌英俊，儀表不凡，一表人才，眉清目秀，異性緣佳。

【喪門】命中有喪門，盡量避免參加喪禮、探病，以免沖犯煞氣，導致生病並且轉為壞運。

【歲破】命中有歲破，主損財，容易虛耗波折多，一生中，如遇歲破之年，身體健康需要注意，並且投資、事業各方面，容易失敗，財富散失。

【勾絞】命中有勾絞，麻煩容易自己走上門，口舌、訴訟、官司容易上身，是非麻煩容易纏身，要注意自身口舌，說話方面要注意。

【五鬼】容易有小人，謊言、陷害或連累，導致容易有官司，壞事纏身，要注意周圍的人，不要太依靠別人。

【白虎】為刑傷之星，命帶白虎，比較容易犯官司、訴訟，身體容易有血光之災、交通事故、破財等。個性比較剛烈，做事果斷，有江湖義氣。

【天　狗】為刑傷之星，命帶天狗，身體容易意外受傷，容易破相，嚴重會殘疾，入命身體易有損傷、破相，小心交通事故、小人陷害、疾病。

【桃　花】四柱地支有子、午、卯、酉，就是命帶桃花，男女多容貌體態俊秀，人緣佳，比較多情，桃花的好壞需要搭配喜用五行，以及對應六親參考論斷。

【血　刃】命帶血刃之星，容易災受意外流血、受傷、手術，對於尖銳物，如刀、剪刀、美工刀，容易受傷，需要比較小心注意。

【元　辰】又名大耗，命中有此星，心中搖擺不定，生活不太安寧，容易有難，逢事故，男女皆容易說話聲音沉濁混雜，面相較醜陋。

【伏　吟】古書上說：「反吟伏吟、淚吟吟。」（反吟又叫沖），伏吟代表痛心鬱悶、滯留停止、糾纏拖拉，遇到伏吟，容易陷入人生低潮。

【劫　煞】命中有劫煞，個性較急躁，一生忙忙碌碌，是非不斷，破財不順，身體小毛病多。若為喜用。其人頭腦聰明，才智過人，行事有擔當魄力。若為忌神，此人剛愎自用，行為偏激怪異，易遭橫禍之災。流年遇到劫煞，容易破財，遭受朋友連累、詐騙等不如意之事。

【災　煞】命中有災煞，容易有血光之災，對於水、火的災難也要小心，容易墮落，賭博、毒品、酗酒都容易沾惹。

【六　厄】一生挫折不斷，艱辛難走，起起伏伏，常常一波未平，一波又起。

二、【以月支對照月干及年日時干支之神煞】

【天　德】天德入命，逢凶化吉，消災解厄，一生少凶險，福星高照，心地善良，常能絕處逢生，有貴人相助。

【月　德】月德母系祖先的陰德，月德入命，事事逢凶化吉，去災禍，招吉祥，多仁慈敏慧，福壽兩全，與天德功能相同。

【月　破】命帶月破，自我要求比一般人高，做事情積極向上，但是月破是虛耗之神，所以物極必反，容易破財，事業不振，有口舌不和的事情。

【血　刃】命帶血刃者，容易有血光之災，對於尖銳物品、刀、劍等，需要注意，容易有意外事故。

	子	丑	寅	卯	辰	巳	午	未	申	酉	戌	亥
天德貴人	己	庚	丁	申	壬	辛	亥	甲	癸	寅	丙	乙
月德貴人	壬	庚	丙	甲	壬	庚	丙	甲	壬	庚	丙	甲
天德合	申	乙	壬	巳	丁	丙	寅	己	戊	亥	辛	庚
月德合	丁	乙	辛	己	丁	乙	辛	己	丁	乙	辛	己
月破	午	未	申	酉	戌	亥	子	丑	寅	卯	辰	巳
血刃	午	子	丑	未	寅	申	卯	酉	辰	戌	巳	亥
以月支見日支												
	子	丑	寅	卯	辰	巳	午	未	申	酉	戌	亥
天醫	丑	子	丑	寅	卯	辰	巳	午	未	申	酉	戌

【天　醫】為掌管疾病之星。有天醫者，容易學醫，或是出身醫生世家。也適合學習玄學、五術、哲學、心理學、哲學等，對於學習，比起一般人，比較有天賦。

三、【以日干對照地支神煞表】

【天乙貴人】天乙在神話中屬於玉皇大帝的秘書，處理天上的公務，是很好的吉神，凡事能逢凶化吉，易得官祿、富貴之人。若有此星，容易得到貴人提攜，貴人指點，貴人相助。

【文　昌】文昌是吉神，命帶文昌，聰明靈敏，文筆有才氣，溫文儒雅，有內涵學養，才華洋溢，喜讀書，考試升學會比一般人容易，凡事能逢凶化吉。

【學　堂】命中有學堂，從小天資聰穎，學

	甲	乙	丙	丁	戊	己	庚	辛	壬	癸
天乙貴人	丑未	子申	亥酉	亥酉	丑未	子申	丑未	午寅	卯巳	卯巳
文昌	巳	午	申	酉	申	酉	亥	子	寅	卯
學堂	亥	午	寅	酉	寅	酉	巳	子	申	卯
金輿	辰	巳	未	申	未	申	戌	亥	丑	寅
祿神	寅	卯	巳	午	巳	午	申	酉	亥	子
沐浴	子	巳	卯	申	卯	申	午	亥	酉	寅
紅艷	午	申	寅	未	辰	辰	戌	酉	子	申
羊刃	卯	辰	午	未	午	未	酉	戌	子	丑
飛刃	酉	戌	子	丑	子	丑	卯	辰	午	未
墓庫	未	戌	戌	丑	戌	丑	丑	辰	辰	未
流霞	酉	戌	未	申	巳	午	辰	卯	寅	亥

業超群，記憶力強，對於數字與文字上有過人之處，容易成為學術、技術方面的專家，也可以成為老師、教授，或是教授專業性極高的老師。

【金　輿】表示黃金打造的車子，是大富貴人家所乘的車，如古代得高官俸祿，衣錦還鄉之時，乘坐馬車，戴金銀珠寶，或是出門乘坐大轎，大轎上裝飾金銀珠寶，貴氣之象。命中有此星，易得良緣，或是配偶家庭富貴，聰明有智慧，舉止溫文儒雅，氣質出眾，富貴一生。

【祿　神】祿表示俸祿，命中有祿，在年支，祖上富庶，長輩在社會獨當一面，並且年少時，衣食無缺；在月支，表示容易得到父母、兄弟支持與幫助事業，祿神在日支，個性獨立自主，另一半對自己是加分、支柱，一生衣食無缺，祿神在時柱，事業蒸蒸日上，財運、事業運亨通。

有祿神者，行事積極，樂觀向上，幹勁十足，一生事業亨通順利，財源廣進。

【沐　浴】命中有沐浴，也可以算是另一種桃花，異性緣較好，小心有紛爭的狀況。

【紅　艷】全名為「紅豔桃花煞」。人緣非常好，人見人愛，多情多慾，風流、浪漫多情，男女外貌英俊秀麗，已結婚容易有婚外情。

【羊　刃】十二長生的帝旺即為羊刃，譬如：日主甲見卯、丙戊見午、庚見酉、壬見子；日主乙見寅、丁己見巳、辛見申、癸見亥。命帶羊刃，個性積極躁進，容易義氣用事，情感激烈，行動快速。

【飛　刃】沖羊刃就是飛刃，譬如：日主甲日羊刃在卯，卯酉相沖，酉為飛刀；譬如：日主乙日羊刃在寅，寅申相沖，申為乙飛刀。有飛刀者，身體容易遭受意外、交通事故受傷，破財、血光之災。

【墓　庫】辰、戌、丑、未為庫，庫也可以稱為倉庫之意，分別是辰為水庫、戌為火庫、丑為金庫、未為木庫。庫也稱為雜氣，庫也要看是什麼入庫，來判斷吉凶。

【流　霞】男命有流霞，多好酒色財氣，有口舌是非，血光之災；女命主難產，流產、生產開刀、產產血崩，懷孕出血之事。

四、【以日支對地支神煞表】

【將　星】八字帶有將星，具有傑出領導能力，能文能武，易掌權柄威信。將星是財，容易掌握財政。將星是官，容易位居權要。將星是一顆掌權之星，文武皆適合。

【驛　馬】驛，在中國古代為傳遞公文、軍事情報的休息站。由此可以知道，八字有驛馬，容易奔波忙碌、外出，個性比較活潑，穩定性比較低，適合出外發展，可能常更換工作。適合常需要移動的工作，譬如：業務、外交官、領隊、導遊等，常需要出差的工作。

【亡　神】命帶亡神，深謀遠慮，智謀奇計，有時會奸詐多詭計、城府較深，心機較重，可能有官司訴訟，重則有牢獄之災。

【孤　辰】命帶孤辰者，個性較孤僻，沉默寡言，喜歡獨來獨往，與親戚、父母、子女，互動都較少，婚姻方面，溝通相處都容易遇到問題，姻緣不佳。

【寡　宿】命帶孤寡者，個性孤僻，與父母、親戚、子女、朋友互動少，不喜歡團體活動，獨來獨往，姻緣較少，如果有結婚，在家中也都獨來獨往多，夫妻相處平淡，溝通問題多，一生運勢也是平平。

【華　蓋】華蓋是皇帝、國王或是宗教遊行行列，用於頭頂圓形傘狀物的裝飾器物，是一種禮儀上的宗桂象徵。命帶華蓋的人，往往才氣出

亥	戌	酉	申	未	午	巳	辰	卯	寅	丑	子	
卯	午	酉	子	卯	午	酉	子	卯	午	酉	子	將星
巳	申	亥	寅	巳	申	亥	寅	巳	申	亥	寅	驛馬
未	戌	丑	辰	未	戌	丑	辰	未	戌	丑	辰	華蓋
子	卯	午	酉	子	卯	午	酉	子	卯	午	酉	桃花
亥	子	丑	寅	卯	辰	巳	午	未	申	酉	戌	血刃
申	亥	寅	巳	申	亥	寅	巳	申	亥	寅	巳	劫煞
丑	子	亥	戌	酉	申	未	午	巳	辰	卯	寅	隔角
寅	巳	申	亥	寅	巳	申	亥	寅	巳	申	亥	亡神
寅	亥	亥	亥	申	申	申	巳	巳	巳	寅	寅	孤辰
戌	未	未	未	辰	辰	辰	丑	丑	丑	戌	戌	寡宿
亥	戌	酉	申	未	午	巳	辰	卯	寅	丑	子	伏吟
巳	辰	卯	寅	丑	子	亥	戌	酉	申	未	午	日破

眾，才華洋溢，思想獨特，對於藝術、音樂、設計、審美、文才，有獨到之處，對於哲學、宗教、玄學，也有天賦。有時性格曲高和寡、孤傲，不同凡俗，有出家、超脫世俗的念頭。

【隔　角】隔角是凶神之一，命中有隔角，六親緣薄，容易有官司訴訟，或牢獄之災，人生容易遇到困難阻礙，與人發生口角矛盾，是非糾紛，出外工作屢屢不順。

【日　破】命中有日破，一生常處於危機之中，人生路上坎坷，個性不穩定，不受社會道德規範的束縛，不喜歡安逸的處境，夫妻間容易爭吵，意見不和。

【外桃花】命中有外桃花，比較注重身體情慾，喜愛酒色，風流倜儻，比較重視物質享受，喜在外流連忘返。

寅午戌日（日柱地支）生於卯時；申子辰日（日柱地支）生於酉時。

巳酉丑日（日柱地支）生於午時；亥卯未日（日柱地支）生於子時。

【三　奇】以日柱的天干為主，年、月、日、時必須按照排序才是三奇。

天上三奇：庚、戊、甲。（庚年戊月甲日或庚月戊日甲時）

地下三奇：丁、丙、乙。（丁年丙月乙日或丁月丙日乙時）

人中三奇：辛、癸、壬。（辛年癸月壬日或辛月癸日壬時）

命是三奇者，奇人異士，博學多聞，廣大胸襟，國之棟粱，為人聰穎，智慧過人，富貴一生，傳奇人生，榮華福壽之人。

【六秀日】日主為丙午、丁未、戊子、戊午、己丑、己未，此六日為六秀日，秀氣聰明，博學多能，福慧雙全，有功名成就，可以成為藝術家，流行音樂、時尚潮流方面都很合適。

【魁　罡】生於戊戌、庚辰、庚戌、壬辰日。命帶魁罡，領導力強，性情剛直，行事果決，膽大正直，多能博學，愛掌威權，嚴謹操守，一生命運起伏比較大，好運、壞運顯著，個性好勝、性急，不輕易相信他人，勤勞積極，不喜怪力亂神。男命帶魁罡，成就容易大，財運、官運掌握在自己手上；女命帶魁罡，個性剛烈，掌握事業，家庭需要注意。

【天　赦】表示遇到官司災害可以得到解救，有皇帝大赦天下之一。所以天赦入命，凡事逢凶化吉，消災解厄，一生無憂無慮，自有貴人相助，吉祥如意。

出生於春季（寅、卯、辰月），出生日柱為戊寅。出生於夏季（巳、午、未月），出生日柱為甲午。

出生於秋季（申、酉、戌月），出生日柱為戊申。出生於冬季（亥、子、丑月），出生日柱為甲子。

【三台貴】四柱地支有「寅、辰、申」、「卯、巳、午」、「亥、子、酉」之組合者。命中有三台貴，有機會當高官掌握權勢，當公職也是一生順遂。

【福星貴】日柱為甲寅、乙丑、乙亥、丙子、丙戌、丁酉、戊申、己未、庚午、辛巳、壬辰、癸卯日，這十二日生者為福星貴。

命帶此福星，一生不缺財祿，福星常降臨，逢凶化吉，一輩子無憂無慮，悠閒快樂，多福多壽，名望高受人景仰。

【十靈日】日柱為甲辰、乙亥、丙辰、丁酉、戊午、庚戌、庚寅、辛亥、壬寅、癸未日。

此十日此日生者，天資高、聰穎機靈，博學多聞，在高位容易得下屬愛戴。

【日德】日柱為甲寅、丙辰、戊辰、庚辰、壬戌日。

命帶日德者，行事穩健，溫厚和藹，心性慈善，扶弱敬老，以德服人，逢凶有得解，遇難有得救，福氣一生。

【日貴】日柱為丁酉、丁亥、癸卯、癸巳日。

命帶日貴者，為人純善，有仁義道德，體態俊美，男外型俊秀，女外型氣質非凡，為人不高傲，個性慈祥。主富貴，一生平順。

【孤鸞】日柱為甲寅、乙巳、丙午、丁巳、戊午、戊申、辛亥、壬子、癸巳日。

命帶孤鸞，比較容易獨立、獨自過日子，對婚姻不利，姻緣少，結婚則夫妻之間交流較少。

【進神】四柱內出現，甲子、甲午、己卯、己酉，這四個組合，就是命帶進神。

進神是吉神，外表多英俊美麗，容光煥發，個性積極向上，容易事業有成，事業扶搖直上，掌握市場先機，可以洞察局勢，果斷做出正確的決定。

【退　神】日主為丁丑、丁未、壬辰、壬戌日。

命帶退神。事情進展往往不很順利，一波三折，上班做事情容易遭受降職或辭退，往往強出頭，或是決心想要做什麼事情，容易遇到挫折、失敗。

後記

寫此本書，最應該感謝的是父親，父親在十多年前對外開八字的課程，自己也從課程中吸收學習，並且在這十年多來，從在網路上免費幫忙看八字開始，跟親朋好友算命，深入了解八字運算邏輯，直到二〇一八年開始正式對外收費，在二〇二一年初也第一次對外開八字班，也非常感謝第一班的十七名學生，彼此的交流分享也讓我從中學習。

最後要非常感謝我的太太以及兩個小孩帶給我精神上的支持，最後要謝謝買這本書的讀者，希望書中的內容可以讓讀者有所收益。

也謝謝關注我的網路文章，或是買此書的讀者，希望此本書的內容會幫助到您，有任何的意見反饋都可以利用 Line 來跟我聯繫，不管有什麼意見都可以直接跟我說，您的任何想法對我來說都是相當重要的；最後無論是在陽宅堪輿或是八字命理的路上，還有很多挑戰值得學習的地方，也相信我們的專業可以實實在在的幫助到您。

以下是我的粉絲專頁【陳弘風水老師——師承家父後天派胡海陳紀瑞建築師】

https://www.facebook.com/chen168/

父親的 FB 社團【後天派陽宅——胡海陳紀瑞建築師】

https://www.facebook.com/groups/ChenYUCHIH/

如果有任何問題

也歡迎加入陳弘老師的 Line

Line ID: @rhu2947z

國家圖書館出版品預行編目（CIP）資料

陳弘老師教您生辰八字輕鬆學,簡單邏輯斷命理/陳弘著. -- 初版. -- 新竹縣竹北市：方集出版社股份有限公司, 2022.07
面； 公分.
ISBN 978-986-471-374-5（平裝）

1.CST: 生辰八字 2.CST: 命書

293.12 111007999

陳弘老師教您生辰八字輕鬆學，簡單邏輯斷命理

陳 弘 著

發 行 人：賴洋助
出 版 者：方集出版社股份有限公司
聯絡地址：100 臺北市中正區重慶南路二段 51 號 5 樓
公司地址：新竹縣竹北市台元一街 8 號 5 樓之 7
電　　話：(02) 2351-1607
傳　　真：(02) 2351-1549
網　　址：www.eculture.com.tw
E-mail：service@eculture.com.tw
主　　編：李欣芳
責任編輯：立欣
美術設計：連紫吟、曹任華
行銷業務：林宜葶
出版年月：2022 年 7 月 初版
定　　價：新臺幣 360 元

ISBN：978-986-471-374-5（平裝）

總 經 銷：聯合發行股份有限公司
地　　址：231 新北市新店區寶橋路 235 巷 6 弄 6 號 4F
電　　話：(02)2917-8022
傳　　真：(02)2915-6275